# Was geschieht, das geschieht

SYLVIA BOORSTEIN

# Was geschieht, das geschieht

## Wie Sie durch Gelassenheit und Mitgefühl sich selbst und die Welt retten

Aus dem amerikanischen Englisch übersetzt von
Maike und Stephan Schuhmacher

Lotos

Die amerikanische Originalausgabe erschien 2007
unter dem Titel »Happiness Is an Inside Job«
im Verlag Ballantine Books, New York, USA.



Verlagsgruppe Random House FSC-DEU-0100
Das für dieses Buch verwendete FSC-zertifizierte Papier *Munken Premium*
liefert Arctic Paper Munkedals AB, Schweden.

Lotos Verlag
Lotos ist ein Verlag der Verlagsgruppe Random House GmbH

ISBN 978-3-7787-8200-2

1. Auflage 2007

Redaktion: Karin Weingart
Einbandgestaltung: Christine Klell, Wien, unter Verwendung
einer Abbildung von Randolph Pamphrey
Gesetzt aus der Sari bei Leingärtner, Nabburg
Druck und Bindung: GGP Media GmbH, Pößneck

Zum Gedenken an
Martha Louise Ley,
die vielen Menschen eine sehr gute Freundin war

# Inhalt

## Zweiter Teil



## Dritter Teil

# Einführung

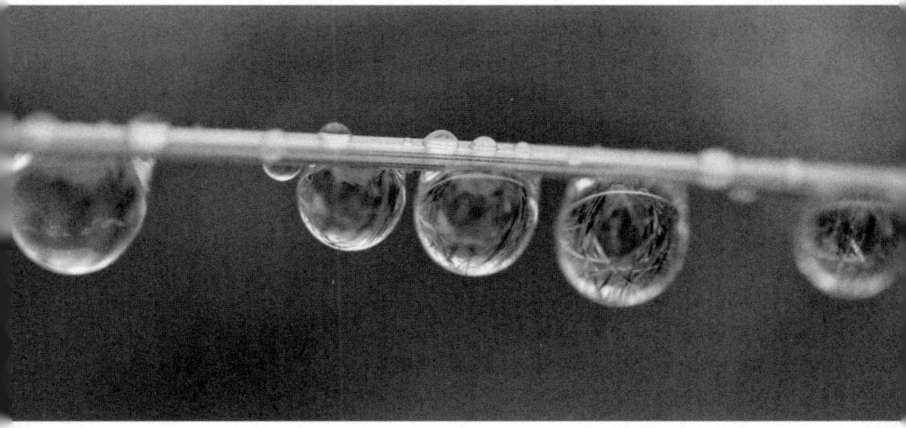

# Die beste Art zu leben

Ich saß gerade am Computer und schrieb, als meine Freundin Martha anrief und mir erzählte, die Krankheit ihres Bruders Jack habe sich erheblich verschlimmert. Das tat mir leid, hauptsächlich um Marthas willen, aber auch wegen ihres Bruders, eines Menschen, dessen Familie ich kannte. Ich sagte einige - wie ich hoffte - tröstende Worte. Kaum war unser Gespräch beendet, hatte ich es eilig, an den Schreibtisch zurückzukehren, weil ich, als das Telefon läutete, gerade etwas hatte, was ich für einen Geistesblitz hielt. Doch wie sich herausstellte, hatte ich den Gedankengang, den ich gerade formulieren wollte, inzwischen vergessen, und ich hörte mich denken: »So etwas Blödes, dass es Jack gerade heute schlechter gehen muss.« Bei diesem Gedanken zuckte ich zusammen. Also hielt ich inne.

Ich machte den Computer aus und zündete eine Kerze an. Dann setzte ich mich in meinen Schaukelstuhl und sah zum Fenster hinaus. Meine Gedanken wanderten zu Jack und seinen Kindern und Enkelkindern. Ich dachte auch an Martha, die in ihren Sechzigern war und sich oft als »Jacks kleines Schwesterchen« bezeichnete, an Marthas Mutter, die nun beinahe neunzig war, und daran, wie sie wohl den Verlust ihres Sohnes verkraften würde. Schon ziemlich bald war ich in Gedanken bei anderen Leuten, die ich kannte und von denen ich wusste, dass es ihnen gerade nicht gut ging. Ich sandte ihnen gute Wünsche, erst einzeln und dann, als mir klar wurde, dass die Liste ellenlang war, kollektiv. Ich sprach die Zeilen des Wunschgebets, das ein Teil der rituellen Praxis der Liebenden Güte (*mettā*) ist und das mit den Worten endet: »Mögen alle Wesen überall glücklich und in Frieden sein und zum Ende des Leidens gelangen.«

Danach fühlte ich mich besser. Ich betrachtete die letzten spätsommerlichen Blumen, die vor meinem Fenster auf dem Sims blühten und dachte daran, wie zerbrechlich das Leben ist und wie schnell es vorübergeht. Ich war froh, am Leben zu sein. Ich dachte an meine Familie – es ging ihnen allen an diesem Tag gut – und fand, dass ich Glück hätte. Ich dachte an diejenigen unter meinen Freunden, denen es gut ging, und betete, dass sie weiter gedeihen mochten. Ich wünschte jedem, den ich kannte, es möge ihm oder ihr gut gehen. Irgendwann kam mir der Gedanke: »Geh an deine Arbeit zurück und beende das, was du angefangen hast.« Aber es kam kein Impuls, mich zu bewegen. Ich fühlte mich friedvoll und sehr glücklich.

Ich mag es, dass mein Herz am liebsten trösten, annehmen oder ermutigen möchte. Es fühlt sich besser an. Ich stelle mir vor, dass es immer nach einem Objekt Ausschau hält - einer verstörten Freundin, meinem eigenen bekümmerten Ich oder der Welt um mich herum -, mit dem es sich verbinden kann. Und ich mag es, dass es mich erinnert und mir sagt: »Stell den Computer ab. Zünde eine Kerze an. Sei achtsam!« - selbst dann, oder besonders dann, wenn es den Anschein hat, als würde ich nicht zuhören. Ich bin entzückt, in das hineingeboren zu sein, was der Buddha »dieses Reich der zehntausend Freuden und zehntausend Wehklagen« nannte, mit einem Herz und einem Geist, die darauf eingestimmt sind, aus Weisheit und aus natürlichem Wohlwollen mit Freundlichkeit zu reagieren. Ich sagte mir: »Dies ist die beste Art zu leben.« Da ich mir aber bewusst war, wie leicht mein Geist abwandert, wie leicht er in Verwirrung gerät und die Fürsorglichkeit vergisst, beschloss ich, dieses Buch zu schreiben. Es soll nicht davon handeln, wie wir Verblendung vermeiden können, denn das können wir nicht, sondern davon, wie wir die Verblendung rückgängig machen und die Verbindung wiederherstellen können - denn das ist tatsächlich die beste Art zu leben.

# Den Geist der Freundlichkeit wiederherstellen

Ich wünschte, regelmäßiges Meditieren und Beten wäre eine Garantie für Gleichmut, aber bei mir ist es nicht so. Ich habe 1977 begonnen, Achtsamkeit zu üben, und meditiere und bete und studiere und lehre - und werde trotzdem noch ärgerlich oder besorgt oder ungeduldig oder habe Angst. Die großen und kleinen Widrigkeiten meines Alltagslebens stellen meinen Geistesfrieden ständig in Frage. Ich bin verdrießlich, wenn sich meine persönlichen Pläne nicht erfüllen, und fühle mich oft niedergeschlagen und bestürzt, wenn ich sehe, wie viel Raum meine persönlichen Anliegen in meinem Geist einnehmen, wo sich die Welt doch in derart großen Schwierigkeiten befindet. Ich bin auch immer wieder überrascht zu sehen, dass die schmerzlichen Erfahrungen meiner Vergangenheit - Scham, Traurigkeit, Schuldgefühle, Verlust und Ängste aus lang vergangenen Zeiten - leicht aktivierbare Empfindlichkeiten bleiben, die mein Herz durch die Erinnerung immer wieder in Rage bringen. Das harmlose Husten eines Enkelkindes, das sich im Nebenzimmer im Bett umdreht, schreckt mich aus dem Schlaf auf, denn es klingt wie das Husten meiner Mutter, die vor sechzig Jahren mit kongestiver Herzinsuffizienz in ihrem Schlafzimmer am anderen Ende des Flurs lag. Ich wache auf und bin voller Traurigkeit.

Inzwischen wundere ich mich nicht mehr darüber, dass mein Leben nicht glatter und friedlicher verläuft. Als ich zu meditieren begann, habe ich mir vorgestellt, ich würde dadurch sehr viel ruhiger werden, als ich es heute bin. Seit ich vor etlichen Jahren begonnen habe, buddhistische Sammlung und Achtsamkeitsmeditationen zu lehren, habe ich oft Schüler, die mich fragen, wie es sich denn anfühle, die ganze Zeit friedvoll zu sein. Ich beeile mich dann, ihnen zu sagen, dass ich zwar glaube, in meinen Entscheidungen weiser und im Allgemeinen freundlicher geworden zu sein, dass ich aber nicht die ganze Zeit voller Frieden bin. Meinem Temperament nach bin ich eher etwas dramatisch veranlagt, und die Persönlichkeit ändert sich nicht grundlegend. Ich bleibe ein leidenschaftlicher Mensch. Was in meiner Familie und was in der Welt geschieht, ist für mich gleichermaßen wichtig. Ich kann mir nicht vorstellen, mich nicht mehr über gute Nachrichten zu freuen und von schlechten niederdrücken zu lassen. Ich würde es auch nicht anders haben wollen. Ich fühle mich lebendig, wenn ich weiß, dass mich die Dinge interessieren, dass sie mir wichtig sind. Auch wenn es richtig ist, dass Freude oder Kummer den

Geist nicht unbedingt aus dem Gleichgewicht bringen müssen – bei mir ist es häufig der Fall, vielleicht, weil ich ein wenig schreckhaft bin.

Dennoch finde ich, dass ich in den dreißig Jahren, seit ich mit der Meditation begonnen habe, durchaus mit Erfolg meditiert habe, denn ich habe mich in dieser Zeit weitgehend und tiefgreifend verändert. Heute vertraue ich darauf, dass ich selbst dann, wenn etwas Unangenehmes geschieht und meine Reaktion darauf schmerzlich ist, nicht leiden werde, wenn ich meine geistige Klarheit so weit bewahre, dass mein Herz engagiert bleibt. Ich weiß, dass mein Leiden immer dann beginnt, wenn mein Geist, aus welchem Grund auch immer – aufgrund der Heftigkeit oder der Plötzlichkeit der Herausforderung oder weil er einfach erschöpft ist –, in Verwirrung gerät. In seiner Verblendung scheint er alles zu vergessen, was er je gewusst hat. Dann erzählt er sich selbst Geschichten, ist abwechselnd wütend (»Das ist nicht fair!«) oder bemitleidet sich selbst (»Ich Arme(r)!«), oder er fürchtet sich (»Ich *ertrage* es einfach nicht, wenn sich nicht bald etwas ändert!«). Keine innere Stimme der Weisheit (»Es *ist* schlichtweg so, wie es ist, das ist einfach Teil des ganzen Spektrums schmerzlicher Dinge, die Menschen nun einmal passieren – und du *kannst* damit umgehen!«) lässt sich hören, um meine Not zu lindern. Also leide ich weiter und stolpere durch eine Geschichte der Unzufriedenheit nach der anderen, bis ich mich wieder fange und innehalte und mir damit die Möglichkeit gebe, zu wissen und tief zu empfinden, dass ich Angst habe oder verwirrt bin oder enttäuscht oder wütend oder müde oder beschämt oder traurig - dass »ich leide«. Dann nimmt sich mein eigenes gutes Herz aus Erbarmen meiner an. Das kann geschehen, wenn ich fähig bin, zu mir zu sagen (ich benutze wirklich genau diese Worte): »Schatzi, dir geht es nicht gut. Entspanne dich, atme tief durch. Lass uns einmal schauen, was da gerade geschieht. Dann finden wir auch heraus, was zu tun ist.«

In diesen Rettungssätzen gibt es drei Anweisungen.

Die erste lautet: »Entspanne dich.« Das ist eine bestürzende Anweisung für einen Geist, der in verwirrende und betrübliche Geschichten verstrickt ist - »Entspannen? Spinnst du? Ich bin sauer!« Aber es ist gerade diese Bestürzung, auf die es ankommt. Sie unterbricht die Selbstgespräche. Damit ist noch nicht gesagt, *wie* man sich beruhigen kann, aber es ist eine Erinnerung daran, *dass* eine Beruhigung im Bereich des Möglichen liegt. Dies führt zur nächsten Anweisung, die lautet: »Atme.«

Natürlich atmen wir immer, aber diese Anweisung bedeutet: »*Achte* auf deinen Atem. Richte all deine Aufmerksamkeit auf diesen nächsten Atemzug, die nächsten Atemzüge.« Gerade auf den Atem zu achten bewirkt zwei Dinge. Allem voran beruhigt das Vertiefen des Atems den Körper, weil der Atem flach und der Körper angespannt wird, wenn der Geist verstört ist. Zweitens, und das ist noch wichtiger, veranlasst es den Geist für den Zeitraum, in dem er auf den Atem achtet und sich beschreibend seiner Beschaffenheit bewusst wird, den Handlungsfaden der Geschichte der Unzufriedenheit fallen zu lassen. Wir können zwar mehrere Sachen gleichzeitig tun, aber wir können keine zwei Handlungsstränge gleichzeitig weiterspinnen. Wenn wir das aufmerksame Atmen mit diesem deskriptiven Kommentar begleiten - »Ich hole tief Luft« oder »Ich atme ganz flach« oder »Irgendwie atme ich« -, dann ist das eine unverschnörkelte Beschreibung der augenblicklichen Realität, und deren Neutralität beruhigt den Geist. Wir setzen diese Neutralität an die Stelle der alarmierenden und keineswegs neutralen »Wehe mir!«-Geschichten eines Geistes, der im Widerstreit mit seiner Erfahrung liegt.

Die Aufmerksamkeit auf einen neutralen Fokus wie den Atem zu richten, beruhigt den Geist und beginnt, ihn von verwirrenden Energien zu läutern. Selbst ein kleiner Augenblick der Klarheit erinnert den Geist daran, dass es durchaus möglich ist, eine hilfreiche Reaktion zu finden. Diese Aufmerksamkeit schafft Hoffung und Mut; zu sagen: »Atme tief durch«, ist eine verallgemeinernde Abkürzung. Im Grunde ist jeder neutrale Fokus brauchbar. Wenn wir statt auf den Atem zu achten laut oder innerlich ein Wunschgebet aussprechen, so beruhigt das ebenfalls den Geist, und da ich solche Sätze häufig verwende, werden sie auch in diesem Buch auftauchen. Den

Geist zu beruhigen bereitet ihn auf die letzte Anweisung vor: »Achte auf das, was gerade geschieht.«

Mit anderen Worten, achte auf die Gegenwart des Leidens und, wenn es offensichtlich ist, auch darauf, was es ausgelöst hat. »Ich bin sauer, weil er gesagt hat ...« Oder: »Ich schäme mich ganz fürchterlich, weil ich mich gerade daran erinnerte ...« Oder: »Ich bin von dem Schmerz der Welt überwältigt ...« Oder »Meine beste Freundin ist gerade der Liebe ihres Lebens begegnet, und ich bin eifersüchtig ...« Oder: »Mein bester Freund liegt im Sterben, und ich fürchte, ich habe nicht genug Herz, ihm beizustehen.« Die wichtigste Anweisung ist immer: »Achte auf das Gefühl des Leidens.« Manchmal ist der naheliegende Grund offensichtlich, manchmal auch nicht. Es spielt keine Rolle. Schmerz ist Schmerz. Die Geschichte des Kummers zu kennen ist hilfreich, um eine angemessene Reaktion zu wählen. Aber meine erste Reaktion - zusätzlich zum Erkennen des Schmerzes - ist, nicht auf ihn ärgerlich zu sein oder auf mich, weil ich darauf hereingefallen bin. Darum ist es wichtig zu sagen »Schatzi«. Sie können auch ein anderes Wort benutzen, wenn dieses für Sie nicht passt, solange es ausdrückt, dass Sie nicht wegen irgendeines schwierigen Gefühls auf sich ärgerlich sind.

»Schatzi« erinnert mich daran, dass es nicht mein Fehler ist, wenn mein Geist verbittert ist, wenn er aufgebracht ist und ich leide. Auch wenn ich erkenne, dass die

Quelle meines Leidens mein eigener Geist ist, der sich weigert, sich seiner Herausforderung zu stellen, kann ich trotzdem Mitgefühl mit mir empfinden. Niemand leidet absichtlich. *Könnte* ich mich der Herausforderung ganz unbekümmert stellen, würde ich es tun. Dieses Buch handelt davon, wie wir dem Geist, wann immer Verwirrung sich seiner bemächtigt und ihn in Leiden stürzt, seine natürliche Weisheit und Freundlichkeit und sein Vermögen zur fürsorglichen Verbundenheit wiedergeben können.

# Das Herz buddhistischer Lehren: Weises Bemühen, weise Achtsamkeit, weise Sammlung

Wir beginnen, wie der Buddha in seiner Beschreibung der grundlegenden Wahrheiten des Lebens, mit den Prämissen, dass Herausforderungen im Leben unausweichlich sind und dass Leiden - also ein Geist, der mit seiner Erfahrung im Widerstreit liegt - eine instinktive Reaktion des ungeschulten Geistes ist. Diese beiden Prämissen sind die ersten zwei der berühmten Vier edlen Wahrheiten, die als die Zusammenfassung der Lehren Buddhas angesehen werden. Die dritte Wahrheit ist das bestimmte Versprechen, dass es uns Menschen möglich ist, einen friedvollen Geist, also einen Geist, der sich mit nichts im Widerstreit befindet, zu verwirklichen. Das bedeutet nicht, einen Geist zu haben, der alles gut findet oder alles stillschweigend duldet oder gar allem gegenüber gleichgültig ist. Gemeint ist ein Geist, der weiß, dass Streitigkeit Leiden hervorbringt (beziehungsweise Leiden *ist*). Es ist ein Geist, der klar genug ist, um eine weise Reaktion wählen zu können. Die vierte Wahrheit betrifft das Schulungsprogramm des Buddha, mit dem man diese Art von Geist entwickeln kann. Es besteht aus acht Teilen (und wird daher der Achtfache Pfad genannt), die alle dazu dienen, Gleichmut zu kultivieren, jenes Gleichgewicht im Geist, das sowohl die natürliche Weisheit als auch die natürliche Neigung zu Liebe stärkt.

Wenn ich mich der Meditation widme, dann weil ich dem Versprechen des Buddha glaube, dass diese Art von Gleichmut möglich ist. Ich möchte mein Leben in Weisheit leben und nicht im Widerstreit mit irgendwelchen Dingen; ich möchte zur Liebe fähig sein. Das klingt ziemlich gewöhnlich, aber ich halte es für das grundlegende Ziel jeglicher spirituellen Praxis. Oder auch des wirklichen Lebens. Ich möchte mich sicher und friedvoll fühlen und zugleich mit Leib und Seele in der Welt engagiert sein.

Es gibt ein klassisches buddhistisches Bild, das ich mir ziemlich oft vergegenwärtige, um mich an das zu erinnern, was möglich ist. Es ist die Szene, als Buddha in der Nacht seiner Erleuchtung unter dem Bodhi-Baum sitzt und absolut fest entschlossen ist, seinen Geist von aller Verblendung zu befreien. Ich sehe ihn, wie er in den Texten beschrieben wird, in der klassischen Meditationshaltung mit verschränkten Beinen, eine Handfläche nach oben geöffnet in seinem Schoß und die Finger der anderen berühren die Erde vor ihm. Der Legende zufolge tritt in genau diesem Augenblick Māra, die Personifikation der Verblendung, auf den Plan, um Buddhas Absichten zu durchkreuzen. Māra wird von all den Kräften begleitet, die im Geist Verwirrung stiften. Der Buddha, der die Versuchungen erkennt, die gerade auf ihn einstürmen wollen, soll verkündet haben: »Ich sehe deine Armeen, Māra, und ich habe keine Angst!« (Ich liebe diesen Satz »Ich habe keine Angst!« Das ist womöglich der beste Satz, den wir sagen können, neben »Ich habe alles, was ich brauche.« Vielleicht sind die beiden Aussagen sogar identisch.)

Stellen Sie sich, wenn Sie es können, den Rest der Szene wie in der Legende beschrieben vor: Die Streitkräfte Māras zielen mit Speeren und Pfeilen auf den Buddha und bestürmen ihn mit erschreckenden Bildern. Er sitzt gelassen und voller Gleichmut da. Die Speere und Pfeile verwandeln sich in Blüten, sobald sie in das Feld der Güte, das den Buddha umgibt, eintreten und fallen um ihn herum zu Boden. Dann erzeugt Māra eine Reihe erotischer Versuchungen. Ihr Reiz verblasst angesichts der strahlenden Leichtigkeit, die den Buddha umgibt. Māra ist besiegt und verschwindet. Im ersten Schimmer des Morgenrots verkündet der Buddha, dass sein Verständnis vollendet sei.

Nach dieser Legende erlangt der Buddha Weisheit, weil er friedvoll ist. Er verweilt in Geistesgegenwart, und Einsicht steigt auf. Gleichmut wird als Vorbedingung für die Befreiung dargestellt. Das Bild des Buddha, wie er angesichts der Herausforderung seinen Gleichmut bewahrt, ist für mich in sich vollkommen als Metapher für die Befreiung. Ich glaube, dass die Weisheit des Buddha - die bereits insofern vollkommen ist, als er begriffen hat, dass Kämpfen Leiden ist - eben das ist, was es ihm erlaubt, sich für den Frieden zu entscheiden. Mir scheint, dass sein tiefes Verständnis des Karma, seine Gewissheit, dass die Dinge geschehen, sobald die notwendigen und hinreichenden Bedingungen dafür vorhanden sind, es ihm ermöglicht, ruhig zu bleiben, während die Ereignisse sich entfalten. Ich halte das ihn umgebende schützende Feld - das in der Geschichte potentiell verletzende Waffen in Blüten verwandelt - für unerschütterliche Güte, die äußere Reflexion seines inneren Gleichmuts.

Müsste ich das Bild Buddhas, wie er Māra besiegt, in einem Satz zusammenfassen, würde ich sagen: »Unerschütterliche Güte, die von der Weisheit genährt wird, dass alles außer Güte Leiden ist, beschützt den Geist vor jeglicher Drangsal.«

Es inspiriert mich zu wissen, dass der Buddha ein Mensch wie du und ich war. Das versetzt mich in die Lage mir vorzustellen, dass auch ich Weisheit und Güte zu kultivieren vermag. Ich weiß, dass es in den Legenden heißt, der Buddha habe viele, viele vorherige Leben der Vorbereitung auf diesen Augenblick unter dem Bodhi-Baum durchlebt. Doch das ermutigt mich eher und schüchtert mich nicht ein. Als Analogieschluss sage ich mir, dass auch ich in jeder neuen Situation die angesammelte Weisheit meiner vergangenen Erfahrungen einsetzen muss. Das tun wir alle. Und es inspiriert mich zu wissen, dass der Buddha, als Māra erschien, mit der Hand den Boden berührte in einer Geste, die bedeutete: »Ich habe das Recht hier zu sein.« Ich glaube, dass auch wir dieses Recht haben - das »Recht« der Menschen mit einem entwickelten Bewusstsein -, die Herausforderung zu erkennen, uns dafür zu entscheiden, uns über die instinktiven Impulse von Flucht oder Kampf hinwegzusetzen und auf eine Weise zu agieren, die Frieden in uns und um uns herum schafft. Ich weiß, dass dies eine Fertigkeit ist, die es zu erlernen gilt - und wahrlich keine leichte -, aber der Umstand, dass die Möglichkeit vorhanden ist, macht mir Mut, den Mut, den ich in meiner Praxis brauche.

Die drei meditativen Schritte, die »Schritte der Schulung des Geistes« des Achtfachen Pfades - weises Bemühen, weise Achtsamkeit und weise Sammlung - sind die Brennpunkte dieses Buches. In den traditionellen Texten beginnt die Liste der Schulungsschritte mit weisem Handeln, weiser Rede und weisem Lebensunterhalt, also einer moralischen Schulung, bei der wir unsere Beziehung zu anderen als ein Mittel zur Kultivierung von Weisheit benutzen. Die Liste endet mit weisem Verstehen und weisem Streben, was oft Weisheitsschulung genannt wird. Ich bezeichne es als die Kultivierung des Zutrauens, dass Frieden möglich ist, sowie der Entschlossenheit, ihn zu erlangen. Weises Bemühen, weise Achtsamkeit und weise Sammlung sind die mittleren drei Schritte des Achtfachen Pfades, und ich bin zu dem Schluss gekommen, sie im übertragenen und buchstäblichen Sinne als Herz des Weges zu betrachten. Alle Bestandteile des Pfades sind aufeinander bezogen. Sie alle fördern die Entwicklung von Gleichmut und stärken die Weisheit. Aus zwei Gründen aber habe ich mich entschieden, diese meditativen Schritte besonders zu betonen.

Der erste Grund ist philosophischer Natur. Ich bin überzeugt, dass Gleichmut des Geistes die Grundlage von Weisheit darstellt und dass Weisheit die Fähigkeit des Geistes, mit Güte zu reagieren, stärkt. Bemühen, Sammlung und Achtsamkeit sind die inneren Wege, auf denen der Geist, wenn er aus dem Gleichgewicht geraten und verblendet ist, wieder in einen Zustand von Leichtigkeit, Klarheit und Weisheit zurückfindet. Es bedarf keinerlei äußerer Aktion. Wir müssen auch nicht auf Weisheit zurückgreifen können, denn diese ist nicht vorhanden, solange der Geist verblendet ist. Die Rückkehr zur Weisheit ist eine innere Angelegenheit.

Der zweite Grund ist praktischer und persönlicher Natur. Meine Erfahrung über die Jahre ist, dass meine Meditationspraxis meinen Geist verändert hat. Auch wenn ich meinen Freunden weiterhin vertraut bin und meine Wesensart mehr oder minder die gleiche ist wie sonst, haben sich doch die Gewohnheiten meines Geistes, die Gedanken und Gefühle, von denen nur ich weiß, verändert. Ich mache mir weniger Sorgen. Ich bin toleranter, urteile weniger vorschnell, sowohl was mich selbst als auch was andere Leute angeht. Und was noch wichtiger ist, ich kann eher erkennen, wenn mein Geist sich in Schwierigkeiten gebracht hat, und bin zunehmend bereit, die Energie zu mobilisieren, die zu seiner Rettung vonnöten ist. Sammlung und Achtsamkeit als Heilmittel gegen Verblendung treten entweder spontan in Aktion oder sind in schwierigeren Zeiten zumindest leicht als Heilmittel gegen Verwirrtheit aktivierbar. Ich rege mich immer noch auf und bin manchmal verblendet, komme aber schneller darüber hinweg.

Weises Bemühen, also die Übung des Unterscheidungsvermögens von Moment zu Moment, die dazu dient, die Aufmerksamkeit in der Wahl ihres Fokus zu lenken, scheint mir die ausschlaggebende Praxis dieser drei meditativen Schritte auf dem Weg zu sein. Für mich stellt weises Bemühen den unterschätzten oder zumindest zu selten besungenen Helden unter den Elementen des Achtfachen Pfades dar. Es ist der Impuls, den Geist wieder auf den Weg zurückzubringen, wenn er im Begriff ist, in Verblendung abzustürzen (oder bereits abgestürzt ist). »Es geht dir nicht gut, Schatzi. Also tu etwas dagegen. Sammle dich. Nimm dich zusammen. Finde heraus, was geschieht. Wähle eine hilfreiche Reaktion. Dies ist nicht die Richtung, in der du weitergehen willst!« Ohne diesen »Weckruf« würde nichts geschehen.

Auch wenn ich über weises Bemühen, Achtsamkeit und Sammlung getrennt sprechen werde, sind sie nicht wirklich getrennte Dinge. Sie sind wechselseitig miteinander verbunden und ergänzen einander. Für die Zwecke des Buches werde ich manchmal Geschichten erzählen, in denen ich den einen oder anderen Aspekt betone, um eine bestimmte Idee zu verdeutlichen. Um zum Beispiel zu zeigen, wie man Sammlung dazu nutzen kann, den Geist zu beruhigen und ihn in eine Art Gemütsruhe zu versetzen, damit die Achtsamkeit ihre Arbeit - zu verstehen, was geschieht - tun kann, werde ich einige Beispiele geben, die besondere Qualitäten der Sammlung hervorheben. Dabei bin ich mir bewusst, dass der Motivation zur Sammlung ein weises Bemühen vorausgegangen sein muss, ein Versuch, den verblendeten, unbefriedigten Geisteszustand durch einen klareren zu ersetzen. Und dass außerdem dem Impuls des weisen Bemühens ein Mindestmaß an Achtsamkeit vorangegangen sein muss, um das Bemühen in Bewegung zu setzen. Die Formel könnte lauten: Ein wenig Achtsamkeit macht es möglich, uns des Unbehagens bewusst zu werden, was zu der Intention führt, dem Unbehagen ein Ende zu setzen; dies führt wiederum zu dem Bemühen, uns zu sammeln, was eine Gemütsruhe schafft, die weitere Achtsamkeit möglich macht; das führt zu mehr Klarheit zusammen mit weniger Unbehagen, was wiederum alles zu noch mehr Bemühen, mehr Sammlung, mehr Achtsamkeit, mehr Zufriedenheit und so weiter führt – und so geht es als Antwort auf die regelmäßig auftauchenden Herausforderungen des Lebens ohne Anfang und ohne Ende weiter. Es ist kein Fehler, dass sich Zufriedenheit nicht ein für alle Mal einstellt. Das Leben ist eine ununterbrochene Abfolge von sich verändernden Umständen, auf die wir Menschen ständig neu reagieren müssen. Man könnte das, was der Buddha lehrte, die glückliche Art und Weise zu reagieren nennen.

Es ist mir wichtig, im Vorhinein zu betonen, dass die drei Praktiken der Geistesschulung ein Trio darstellen, das zusammen wirkt, auch wenn ich Geschichten erzähle, die sie einzeln zu präsentieren scheinen, und Praktiken lehre, die es so aussehen lassen, als könnten sie als getrennte Funktionen kultiviert werden. Sie sind jedoch in Wirklichkeit drei Facetten des Prozesses, der den Geist zum Gleichmut zurückbringt, so dass Weisheit (außerordentlich klarer Verstand) wiederhergestellt wird und guter Wille (das emotionale Gegenstück zur Weisheit als auch die natürliche Neigung der meisten Menschen) gedeihen kann.

Und noch etwas möchte ich betonen, wie ich es immer tue, wenn ich lehre: Auch wenn ich Praktiken präsentiere, die durch Meditation kultiviert werden, sind weises Bemühen, Achtsamkeit und Sammlung Praktiken für jeden Tag, für das ganze Leben und sämtliche Alltagssituationen. Wenn ich so etwas sage, dann werde ich oft gefragt: »Sie gehen doch sicherlich nicht den ganzen Tag herum und beobachten Ihren Atem oder rezitieren Wunschgebete? Wie könnten Sie da noch arbeiten? Wie könnten Sie da am Leben teilhaben?«

Auf solche Fragen antworte ich, dass es keinerlei Zeit erfordere, einhundert Prozent der Zeit zu praktizieren. Natürlich verbringe ich meine Leben nicht damit, meinen Atem zu beobachten oder Wunschgebete zu rezitieren. Ich versuche einfach, nicht verblendet zu sein, und wenn ich verblendet bin, versuche ich etwas daran zu ändern. Ob ich verblendet bin oder nicht, erkenne ich am leichtesten, wenn ich mir mit Hilfe von Achtsamkeit gewahr bin, ob ich fürsorgliches Interesse spüre oder nicht. Für mich zweifellos gilt - aber ich glaube, es trifft für die meisten von uns zu -, dass ich immer, wenn ich auf fürsorgliche Weise mit anderen verbunden bin, wenn ich sie also ermutige, tröste oder wertschätze, zugleich auch in den Genuss von Klarheit und Gutsein komme. Es spielt keine Rolle, ob ich spüre, dass ich mit mir selbst verbunden bin oder mit einem Menschen, den ich kenne, oder mit Menschen, die ich nicht kenne, oder gar mit der ganzen Welt. Der lebendige Impuls der Fürsorge ist es, der zählt.

So stelle ich mir denn immer wieder die Frage, die als Messlatte für den Grad meiner Verblendung dient: »Bin ich in diesem Augenblick fähig, mich um etwas zu kümmern?« Die Frage lautet nicht: »Gefällt es mir?« Es gibt einen ganzen Haufen von Dingen, die mir nicht gefallen.

Und als Reaktion auf das, was ich unangenehm finde, fühle ich mich oft bestürzt oder ungeduldig oder verdrießlich oder enttäuscht oder bekümmert. Ich versuche meinen Geist davon abzuhalten, gegen meine Erfahrung anzukämpfen und sich verwirrt in selbstbezogener Verzweiflung zu isolieren. Der streitsüchtige Geist ist *per definitionem* verblendet. Er hat sich nicht daran erinnert, dass Kampf Leiden und anmutige Reaktion Klarheit schafft. Ich versuche, ohne Verblendung und mit meiner eigenen Freundlichkeit verbunden zu bleiben. Also entspanne ich mich, schaue mir an, welche Möglichkeiten ich habe, und wähle die beste von ihnen aus. Wann immer ich das tue, bin ich zwar nicht unbedingt erfreut, aber ich bin glücklich.

# Erster Teil

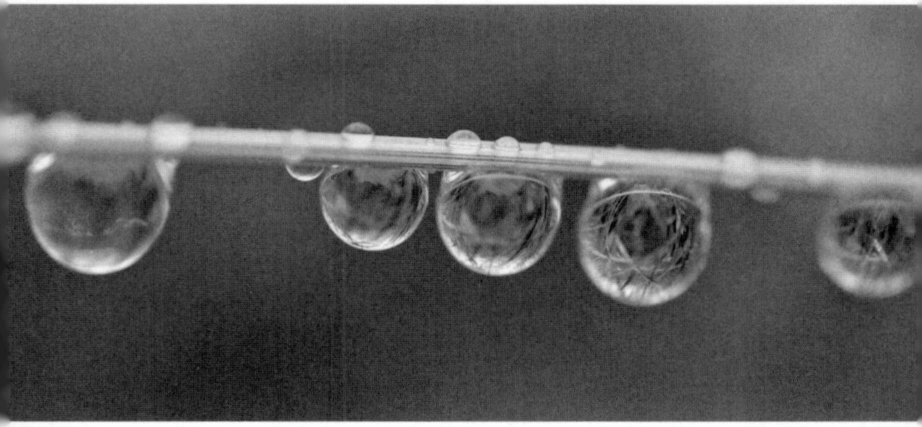

# Gleichmut, Weisheit und Freundlichkeit

# Niemand hat Schuld: Wie Gleichmut Weisheit erweckt

Es ist immer gut, mit einer Geschichte anzufangen.

Am Flughafen rückte ich zusammen mit Hunderten von anderen Reisenden Schritt für Schritt durch die langen Absperrungen vor dem Sicherheitscheck vor, als ich auf das Gespräch zweier Passagiere hinter mir aufmerksam wurde.

»Es ist deine Schuld!«

»Was soll das heißen: ›Es ist deine Schuld‹? *Du* bist schuld!«

»Genau das meine ich. Es ist *deine* Schuld, dass wir zu spät dran sind.«

»Nein, das stimmt nicht. Beweise mir, dass es meine Schuld ist.«

»Ich muss dir nichts beweisen. Es ist einfach so.«

Ich warf einen Blick hinter mich, so als sähe ich über sie hinweg, und bemerkte, dass die beiden Streithähne jung und salopp gekleidet waren und anscheinend (sie trugen Taschen mit einer Tennis- oder Golf-Ausrüstung) zusammen in die Ferien flogen.

Das Pingpong der gegenseitigen Beschuldigungen ging weiter. »Du bist schuld.« »Nein, du.«

Einen Augenblick lang hatte ich den Impuls, mich umzudrehen und zu sagen: »Hört mal zu! Es spielt nicht die geringste Rolle, wessen Schuld es ist. Entweder kommt ihr rechtzeitig zu eurem Flug oder ihr verpasst ihn. Und wenn ihr den Flug verpasst, gibt es noch weitere Flüge. Außerdem wisst ihr gar nicht, ob es wirklich gut ist, genau auf diesem Flug zu sein. Vielleicht wird diese Maschine ja einen Triebwerkschaden haben und die nächste wird sicher ankommen. Also entspannt euch! Ihr ruiniert sonst den Anfang eures Urlaubs mit nutzlosem Geplänkel.«

Natürlich sagte ich nichts. Vielleicht hätten sie es mir ja abgenommen, wenn ich es freundlich genug gemacht hätte, aber ich stellte mir vor, wie sie später jemand anderem davon erzählen würden: »Du glaubst nicht, was diese schrullige alte Tante auf dem Flughafen ...« Auf jeden Fall ist es unhöflich, die Gespräche anderer zu belauschen, auch wenn es nicht beabsichtigt ist, und noch unhöflicher ist es, sich einzumischen, auch wenn es gut gemeint ist.

Ich zog Jacke und Schuhe aus und ließ sie zusammen mit meinem Handgepäck, aus dem ich das Laptop zur Inspektion herausgenommen hatte, durch den Röntgenapparat laufen. Als ich meine Siebensachen auf der anderen Seite wieder einsammelte und dabei erst auf einem Fuß balancierte und dann auf dem anderen, um schleunigst meine Schuhe wieder anzuziehen, bemerkte ich, wie ein Paar genau vor mir, das ebenfalls gerade durch das Sensoren-Tor gekommen war, sich einen Augenblick gönnte, um sich zu küssen und zu umarmen. Der Gedanke amüsierte mich, dass sie sich dazu beglückwünschten, den Sicherheits-Hürdenlauf unbeschadet überstanden zu haben. Es war ein Austausch von Zärtlichkeit in aller Kürze, aber es war einer, mitten im allgemeinen Wieder-Anziehen der Kleidung. Mir kam der Gedanke: Ich sollte die Aufmerksamkeit der beiden Streithähne hinter mir auf die küssenden Leute vor mir lenken und ihnen sagen: »Seht her, dies ist eine andere Möglichkeit. In jedem Augenblick gibt es im Grunde nur zwei Möglichkeiten: Man kann sich küssen oder sich streiten. Küssen ist besser.«

Natürlich sagte ich nichts und ging weiter zu meiner Maschine. Zu jener Zeit wusste ich zudem – so wie ich es heute weiß, da ich dies schreibe –, dass ich mich in Situationen, in denen ich mich gestresst fühle, durchaus genauso verhalten könnte wie jene Streithähne. Also nicht nur »vor langer Zeit, als ich noch nicht weise war«, sondern hier und jetzt, obwohl ich doch angeblich verstehe, dass sämtliche krampfhaften Versuche, irgendetwas anders zu machen, als es ist, nur Leiden schaffen. Wenn mein Geist verwirrt ist, weil er vielleicht gerade eine Breitseite an Herausforderung abbekommen hat, über die er sich aufregt – und das können sogar »Problemchen« sein wie »Ich werde mein Flugzeug verpassen« –, vergesse ich, zumindest für eine Weile, alles, was ich weiß. Weise werden bedeutet für mich einfach, dass ich folgende drei grundlegenden Wahrheiten nicht so häufig vergesse (oder mich schneller wieder daran erinnere, wenn ich sie vergessen habe); der Buddha nannte sie die drei Kennzeichen jeglicher Erfahrung:

Alles ist in ständiger Wandlung begriffen.

Es gibt eine Gesetzmäßigkeit von Ursache und Wirkung, die jegliche sich entfaltende Erfahrung beherrscht.

Es spielt eine Rolle, was ich tue, aber ich kann die Situation nicht kontrollieren. Leiden entsteht, wenn ich gegen etwas ankämpfe, was sich meiner Kontrolle entzieht.

Im *Dhammapada*, einer Sammlung von Sprüchen, die dem Buddha zugeschrieben werden, gibt es eine Zeile, die dies für mich zusammenfasst und die mir der beste Ausdruck von Weisheit in einem Satz zu sein scheint: »Wer immer Vergänglichkeit versteht, der hört auf, streitsüchtig zu sein.«

Ich weiß nicht, ob es Ihnen ebenso ergeht, aber für mich ist diese Aussage auf mehreren Ebenen aussagekräftig. Für mich bedeutet sie in erster Linie: »Die Lebenszeit, die mir bestimmt ist, ist begrenzt. Darum will ich keinen Augenblick davon mit Streit vergeuden.« Zu anderen Zeiten, wenn ich mich dabei ertappe, wie ich gerade in einen Streit hineinschlittere, erinnert mich der

Spruch an Folgendes: »Was auch immer geschieht, es wird sich verändern, und das, was ich dieser Situation hinzufüge, ist ein Teil der Veränderung. Sich zu quälen macht es nur noch schlimmer.« Und manchmal, wenn ich mich daran erinnere, dass alles, was geschieht, eine Wirkung haben wird, die ich beim besten Willen nicht absehen kann (obwohl ich es häufig versuche und mir unnötigerweise Sorgen mache), sage ich zu mir: »Ich habe keine Ahnung, ob diese veränderte Situation, die mir gar nicht gefällt, auf lange Sicht gut oder schlecht ist. Ich kann abwarten, bis es sich herausstellt.«

Viele Menschen, die ich befragt habe, welchen Rat ihnen weise Menschen in ihrem Leben gegeben haben, erzählten mir: »Mein Großvater (oder meine Großmutter oder mein älterer Nachbar in meiner Kindheit oder mein alter Mathelehrer in der Grundschule) sagte immer: »Du machst es so gut, wie du kannst, und dann lebst du mit dem, was dabei herauskommt. Was könntest du sonst tun?«

Ich glaube, das wichtige Wort in diesen Beschreibungen von Weisheit ist das Wort »immer«. Jene weisen Leute sagten *immer* ... Sie vergaßen nicht. Ich vergesse. Ich weiß – und ich glaube, wir alle wissen es aus unzähligen Ereignissen unserer Erfahrung –, dass der Augenblick, in dem unser Geist anerkennt »Dies ist nicht das, was ich wollte, aber es ist nun einmal das, was ich habe«, der Moment ist, in dem das Leiden verschwindet. Es mag zwar noch eine gewisse Traurigkeit bleiben, aber sobald der Geist es aufgegeben hat, um eine andere Realität zu kämpfen, ist er frei dafür, zu trösten, die Situation zu akzeptieren und neuen Möglichkeiten Raum zu geben.

Meiner Erfahrung nach muss ich diese Lektion immer und immer wieder lernen. Meine Weisheit ist bestimmt nicht unerschütterlich. Die folgende Geschichte ist mir, wie ich zugeben muss, erst kürzlich passiert. Ich wurde abgelenkt, und ... Aber hören Sie selbst:

In einer Stadt in Südfrankreich, wo ich einen Teil jeden Jahres verbringe, ging ich in ein Antiquitätengeschäft, um gegen die unerwartet hohe Rechnung von 400 Euro zu protestieren, die zusammen mit der Matratze und dem Bettrahmen für das Bett, das ich dort gekauft hatte, gekommen war. Ich hatte deswegen bereits in dem Geschäft angerufen, und Madame Blaise, die *antiquaire*, hatte erklärt, die einzigartige Größe der Betten, die in den 1840er Jahren hergestellt worden waren, und besonders die runden Ecken hätten es unglücklicherweise erforderlich gemacht, eine spezielle Matratze und einen entsprechenden Lattenrost anfertigen zu lassen. Ich wollte persönlich hingehen, um die Unterredung fortzusetzen, aber ich war darüber nicht glücklich. Ich bin von Natur aus konfliktscheu, aber mein Mann Seymour, der ziemlich wütend war, aber kein Wort Französisch spricht, drängte mich. So ging ich schließlich, von ihm begleitet, los. Ich war hin- und hergerissen zwischen dem Versuch, ihm zu gefallen und Madame Blaise nicht zu missfallen.

»Erinnere sie daran«, sagte er, »dass sie uns den Preis der Matratze genannt hat und dass der in dem Preis, den wir bereits für das Bett bezahlt haben, inbegriffen war. Wenn es da Extras gibt, soll sie sie bezahlen. Schließlich ist sie die Expertin. Das liegt also in ihrer Verantwortung.«

»Madame ist eine fünfundachtzigjährige *antiquaire* in einer französischen Kleinstadt«, konterte ich. »Sie ist nicht Ikea. Man kann diese Sache nicht einfach rückgängig machen.«

»Dennoch ist es nicht fair«, insistierte er. »Du solltest darauf bestehen, dass sie Schadensersatz leistet. Wenn du es nicht tust, werde ich es tun. Ich werde eine Pantomime aufführen, wie unglücklich ich bin. Selbst wenn sie uns kein Geld erstattet, könnte sie uns wenigstens so etwas wie die beiden Nachttische schenken, die du dir angesehen hast, als du das Bett gekauft hast.«

Ich sprach in meinem elegantesten und höflichsten Französisch mit Madame Blaise, erklärte ihr unser Entsetzen und unsere Betroffenheit darüber, dass wir, die wir ihrem Urteil vertraut hatten, nun der Matratzenfirma 400 Euro zahlen sollten. Ich sah unmissverständlich zwei Möbelstücke in ihrem Laden an und schlug vor, sie möge in Betracht ziehen, uns ein Geschenk in Form von zwei Nachttischen als Entschädigung zu machen. Ich schloss mit den Worten, dass wir unsere bisherigen Begegnungen mit ihr genossen hätten und es sehr bedauern würden, wenn nun ein schlechtes Gefühl, *mauvaise emotion*, zurückbliebe.

»Oh Madame«, antwortete sie und sah plötzlich ganz besorgt aus. Sie neigte sich zu mir herüber und streckte die Hand nach mir aus, als wolle sie mich trösten. »*Mauvaise emotion* ist sehr schlecht für Sie. Sie sollten sie ablegen. Vergessen Sie es. Das ist Vergangenheit. Solche Dinge geschehen. Wirklich, *vraiement, mauvaise emotion* ist sehr schlecht für Sie.«

Ich war nicht überrascht. Auch wenn ich ein bisschen bekümmert war, überhaupt solch einen Aufstand gemacht zu haben, und enttäuscht darüber, kein Trostgeschenk bekommen zu haben, war ich doch beeindruckt, wie richtig Madame Blaises Ratschlag an mich gewesen war. Schlechte Gefühle sind *in der Tat* nicht gut für uns. Der Buddha lehrte bereits vor zweitausendfünfhundert Jahren, dass Zorn »ein Gift in den Venen« sei. Moderne Zeitgeist-Zeitschriften sagen das Gleiche. Wenn ich in Frankreich bin, sehe ich, dass auch hier das Wort »Stress« seinen Weg in die Sprache gefunden hat, und der Ratschlag in Gesundheitsmagazinen lautet: »*Ne stressez pas!*«

Auch Madames Unterweisung darüber, was mein unglücklich dreinblickender Mann und ich tun könnten, um über die Aufregung hinwegzukommen, traf ganz genau den Punkt. Noch während sie uns belehrte, fühlte ich schon, wie ich mich entspannte. Bedenken Sie, was sie sagte:

»Sie sollten sie (diese *mauvaise emotion*) ablegen.« Natürlich hätten wir sie ablegen sollen. Sich aufzuregen war für uns beide unangenehm. Die Sache ist nur die, wenn der Geist sich verwundet fühlt, spielt er die Angelegenheiten ständig hoch und versucht seinen Ärger zu rechtfertigen: »Ich habe gesagt ...« »Sie hat gesagt ...« »Sie hat versprochen ...« »Es ist unfair ...« Gegen das anzukämpfen, was wir nicht ändern können, schafft Leiden, lehrte der Buddha. Eine meiner Freundinnen sagte einmal, die Worte »Es ist unfair« hätten in der Weltgeschichte mehr Schwierigkeiten angerichtet als jede andere Aussage.

Mir scheint, dass der Geist, wenn er in der Bahn des Grolls feststeckt, versucht, ein anderes Ende für die Geschichte zu schreiben, oder aber den Fehler, der den Groll verursacht hat, immer wieder durchspielt, damit er ihn bloß nicht wiederholt. Beide Ziele sind, bei näherer Betrachtung, unsinnig. Die Dinge sind nun einmal so, wie sie sind. Grübeln wird nichts daran ändern. Es wird uns auch nicht die Sicherheit bescheren, dass wir in Zukunft jegliche Enttäuschung vermeiden können. Grübeln erhält den Schmerz vielmehr aufrecht. Ärgerliche Erfahrungen wiederzukäuen hält den Geist in Rage. Den Geist zu besänftigen, indem man den Streit ruhen lässt, ist eine bessere Idee. Darauf zielt Madames Anweisung »Vergessen

Sie es« oder zumindest »Versuchen Sie, es zu vergessen« ab. Der Ratschlag des Buddha im vierten Vers des *Dhammapada* lautet: »Gib solche Gedanken auf ... [den Groll darüber, ausgenutzt oder schlecht behandelt worden zu sein] ... und lebe in Liebe.«

Doch an jenem Tag in Frankreich, als ich mich in verblendete Gedanken verstrickt hatte, Gedanken wie »Warum habe ich bloß dieses blöde Bett gekauft, das so viel gekostet hat und jetzt so viel Ärger verursacht?«, setzte ich jedoch das Protestdrama fort, bis mich Madame Blaise resolut an das erinnerte, was ich vergessen hatte. Ihre letzte Erwiderung, »Solche Dinge geschehen«, war die beste. *Alles* geschieht, manche Dinge nach Wunsch, andere nicht. Wir müssen einfach das Beste aus dem machen, was geschieht. Die Ironie des Augenblicks blieb mir nicht verborgen, und ich sagte mir: »Du solltest das eigentlich wissen!«

Als wir den Laden wieder verließen, nachdem Madame Blaise und ich freundliche Wünsche ausgetauscht hatten, fragte Seymour: »Was hat sie gesagt?«

Ich antwortete: »Sie hat mehr oder weniger gesagt ›So spielt das Leben.‹ Komm, lass uns gehen und Tischchen ansehen.«

# Wir verstehen und wir fühlen: Warme Weisheit

Ich möchte zu meiner zuvor gemachten Aussage zurückkehren, dass »Weisheit die Fähigkeit des Geistes, wohlwollend zu bleiben« fördert. Ich denke, das funktioniert auf zweierlei Weise. Allem voran unterstützt Weisheit den Geist darin anzunehmen, dass die Dinge so sind, wie sie sind, und zwar als Resultat dessen, dass alles andere so ist, wie es schon immer war und jetzt ist. Dies ist die Wahrheit der wechselseitigen Abhängigkeit, erinnern Sie sich? Es kann also in diesem Augenblick nichts anders sein, als es ist. Wenn wir genau wissen, wie müßig es ist, darum zu kämpfen, dass die gegenwärtige Realität eine andere sein möge, dann hilft uns das aufmerksam zu bleiben, auch wenn die Erfahrung schmerzhaft sein mag.

Zum anderen beinhaltet dieselbe Weisheit, die unsere Aufmerksamkeit auch unter schmerzlichen Umständen aufrecht und wach erhält, das Bewusstsein - denn das ist unsere Erfahrung in diesem Augenblick -, dass Menschen Dingen gegenüber Gefühle haben. Das heißt, dass wir klagen oder uns sehnen oder trauern, auch wenn uns klar ist, dass die Dinge nicht anders sein können, als sie sind. Das Leben ist eine Situation, aus der es »keine Ausflucht« gibt. Wenn wir durch unser Leben gehen, so bedeutet dies, dass wir uns anzupassen, uns oft in eine Situation schicken und irgendwie mit unseren Gefühlen umgehen müssen.

Hier ist eine klassische buddhistische Geschichte: Einst flehte eine verzweifelte Mutter, die ihren verstorbenen kleinen Sohn im Arm hielt, den Buddha an, seine magischen Kräfte zu nutzen, um das Kind wieder zum Leben zu erwecken. Der Buddha versicherte der Mutter, er werde den Knaben wieder ins Leben zurückholen, wenn sie ihm ein Senfkorn aus einem Haushalt bringt, in dem noch nie jemand gestorben ist. Die Mutter begab sich auf die Suche, doch kehrte schließlich unverrichteter Dinge zurück: Der Tod ist universell, er besucht jedes Haus ohne Ausnahme. Doch inzwischen war ihr rasender Schmerz einer weisen Hingabe gewichen und sie wurde zu einer Anhängerin und Schülerin des Buddha.

Diese Geschichte und ihre Botschaft vom besänftigenden Potential der Weisheit berührt mich immer wieder, aber ich wünsche mir oft, es gäbe da noch ein Detail, nur einen Satz mehr am Ende der Geschichte. Ich lade Sie ein, darüber nachzudenken, welchen Satz Sie hinzufügen würden, wenn überhaupt. Und als Hinweis darauf, wie mein Ende der Geschichte aussähe, will Ihnen auch von einem Besuch in einem Altersheim erzählen, denn in beiden Geschichten geht es um das gleiche Thema.

Eine Frau namens Tova, die dieselbe Synagoge besucht, zu der auch ich gehöre, und die im örtlichen Altersheim wohnt, hatte mich eingeladen, auf der wöchentlichen Versammlung des Bibliothek-Clubs zu sprechen. Wir stellten die Stühle im Kreis auf und wollten gerade anfangen, als einer der ungefähr zehn Teilnehmer der Gruppe einen Mann in der Tür stehen sah. »Kommen Sie herein«, sagte er. »Wir wollen gerade anfangen.«

»Eine Frau hinten im Flur«, sagte er und zeigte hinter sich, »hat gerade einen Herzanfall bekommen.«

»Kommen Sie doch herein«, drängte jemand anders. »Sie können da nichts tun.«

»Sie haben den Krankenwagen gerufen.«

»Dann ist es ja gut«, sagte eine weitere Person. »Die Sanitäter werden wissen, was zu tun ist. Kommen Sie herein.«

Durch die doppelte Glastür, die den Eingang zur Bibliothek bildete, konnte ich sehen, wie Leute mit ernsten Gesichtern und entschlossenen Schritten in einen Raum weiter hinten im Flur gingen und wieder herauskamen. Als ich auf dem Weg zur Bibliothek durch diesen Flur gegangen war, hatte ich bemerkt, dass die Räume zu beiden Seiten mit Krankenhausbetten bestückt waren und Fenster zum Flur hatten, so dass das Pflegepersonal die Leute in den Betten leichter überwachen konnte. Dies war offensichtlich der Krankenhausflügel des Altersheims, eine Einrichtung für jene Bewohner, die zu krank wurden, um allein zurechtzukommen. Die Leute, die bei mir in der Bibliothek waren, gehörten zu den »unabhängig Lebenden«, Menschen, die noch in der Lage waren, sich in ihren Wohnungen selbst zu versorgen. Ich fragte mich, wie es sich wohl anfühlen würde zu denken: »Ich bin als Nächste an der Reihe, in den Pflegetrakt umzuziehen.« Der Gedanke beunruhigte mich.

Die Bibliothekarin stellte mich vor. Sie hob hervor, wie sehr die Gruppe sich darauf freue zu erfahren, was der Buddha gelehrt habe. Während sie sprach, sah ich, wie Sanitäter mit einer fahrbaren Krankenbahre an der Tür der Bibliothek den Flur entlangeilten.

»Sehen Sie?« Der Mann, der in der Tür gestanden hatte, lenkte die Aufmerksamkeit aller auf den Flur. »Sanitäter!«

»Das passiert jeden Tag«, sagte eine Frau. »Man gewöhnt sich daran.«

»Wirklich?«, fragte ich. »Darüber würde ich gern mit Ihnen sprechen. Der Buddha lehrte, es sei möglich, sein Leben in voller Anerkennung der Tatsache, dass das Leben voller Enttäuschungen und Verluste ist - sogar großer Verluste, wie der Tod einer ist - in Frieden, ja sogar glücklich zu leben. Wie ist es, an einem Ort zu leben, wo die Sanitäter jeden Tag kommen?«, fragte ich.

»Es ist in Ordnung«, sagte einer der wenigen Männer

im Raum in einem Tonfall, der mir ein Versuch zu sein schien, diesem Gesprächsthema endgültig ein Ende zu setzen. »Hören Sie zu. Hier leben zweihundert alte Menschen. Von denen stirbt ständig einer. Da kann ich nur sagen: ›*Carpe diem* - Nutze den Tag!‹«

»Jedenfalls kommen sie meistens ohne Sirene«, fügte eine Frau hinzu. »Da hört man sie wenigstens nicht immer.«

»Die schalten die Sirene deshalb nicht ein«, sagte jemand anders, »weil die Person meistens schon tot ist.«

Wenn ich seitlich zum Flur hinüberschaute, konnte ich sehen, dass draußen noch eine ziemliche Unruhe herrschte. Es fiel mir schwer, nicht hinzuschauen.

»Wie sind Sie dazu gekommen, sich für den Buddhismus zu interessieren?«, fragte mich die Bibliothekarin, wie mir schien in der Hoffnung, mich zum »Thema« zurückzubringen. Ich hatte eigentlich gedacht, ich *sei* bereits beim Thema. Schließlich hatte Siddhārtha Gautamas Erkenntnis, dass Altern, Krankheit und Tod unausweichlich sind, dass jeder Verlust mit Leiden verbunden ist, ihn dazu veranlasst, seine Frau und sein Kind und sein bequemes Leben zurückzulassen und einen Ausweg aus dem Leiden zu suchen. Seine Botschaft von der Möglichkeit, einen friedvollen Geist zu erlangen - einen Geist, der in einer Weisheit gründet, welche die Herausforderungen des Lebens annimmt, ohne Leiden zu verursachen, und der das Leiden anderer lindert, indem er mit Erbarmen reagiert –, brachte ihm den Beinamen des »Buddha«, eines »Erwachten« oder »Erleuchteten« ein.

Ich schickte mich gerade an, auf die »Wie ich zum Buddhismus kam«-Frage zu antworten, als die Sanitäter wieder die Rollbahre an der Bibliothek vorbei in Richtung Vordertür schoben. Es lag niemand darauf. Ich nahm an, dass die Frau gestorben war. Ich dachte: ›Vielleicht sollte ich das erwähnen. Wir könnten eine Weile in Stille sitzen und Gebete für den Menschen sprechen, der gestorben ist, und an die Menschen denken, die ihren Verlust betrauern.‹ Ich zögerte. Ich war ein Gast und kannte die örtlichen Gepflogenheiten nicht.

»Ist der Buddhismus eigentlich eine Religion oder eine Philosophie?«, fragte jemand. Die Frage brach den Bann meiner Grübelei.

»Er ist beides«, sagte ich und sprach dann über den Buddha und über Achtsamkeit. Ich gab einige Anweisungen zur Meditation und schlug vor, wir sollten alle die Augen schließen und auf die Erfahrung des Atems achten, wie er in unseren Körper ein- und ausströmt. Ich erklärte, dass der Geist durch die Sammlung auf ein einfaches sich wiederholendes Ereignis beruhigt wird.

Wir saßen in Stille. Ich versuchte, meine Aufmerksamkeit auf meinen Atem zu richten. Schon bald begann die Grübelei von Neuem.

»Ist das nun gefühllos oder weise«, fragte ich mich, »dieses Weitermachen, als sei nichts geschehen. Da hinten im Flur ist gerade jemand gestorben. Ist das bei all den Leuten hier eine Haltung der Verleugnung? Oder bin nur ich von der Gegenwart des Todes verwirrt und möchte innehalten und darüber sprechen? Ist die augenscheinliche Unbekümmertheit dieser Leute, die die Sanitäter so häufig sehen, echter Gleichmut?«

Nach der Meditation gab es eine Stunde lebendiger Diskussionen über unsere Erfahrungen. Die meisten berichteten, sie fühlten sich entspannt. Die Sanitäter und der offensichtliche Tod der Frau wurden mit keinem Wort erwähnt. Als Abschluss unserer gemeinsamen Zeit sprach ich über die Meditation der Liebenden Güte (*mettā*), eine Praxis, bei der man sich selbst und anderen Gutes wünscht. Ich sagte, ich würde meine Wünsche laut aussprechen, und lud sie ein, genau dieselben Wünsche zu rezitieren oder ähnliche in Stille für sich zu sagen. Ich betete für mich, für meine Angehörigen, für meine Freunde, für die Leute im Raum, für alle Wesen nah und fern. In den letzen Augenblicken unserer gemeinsamen Meditation spielte ich wieder mit dem Gedanken, den Tod am Ende des Flurs zu erwähnen. Ich beschloss, es nicht zu tun. Ich begriff, dass es immer einen Toten hinten im Flur gibt. Für alle Wesen zu beten schien genug zu sein.

Mehrere Mitglieder des Bibliothek-Clubs blieben nach der Versammlung noch ein bisschen länger, und als ich mich von Vivian, der Bibliothekarin, an der Tür verabschiedet hatte, ging ich den Gang entlang an der Tür vorbei, wo die Frau gestorben war. Man hatte die Vorhänge des Fensters zum Flur zugezogen, und das Einzige, was ich beim Vorbeigehen durch einen Spalt unter den Vorhängen sehen konnte, waren die Beine des Krankenhausbettes, die Beine von zwei nah an das Bett herangerückten Stühlen und die Füße von zwei Männern, die, wie ich annahm, Totenwache hielten. Ich fragte mich, wer sie wohl waren. Ich dachte mir, dass sie wahrscheinlich irgendwie mit dieser Frau verbunden gewesen waren.

Zwei Wochen später rief Tova, meine Bekannte vom Bibliothek-Club, die mich zu der Versammlung eingeladen hatte, wieder an. »Ich bin ganz erschüttert«, sagte sie. »Erinnerst du dich an Vivian, die Bibliothekarin? Sie ist gestern gestorben. Natürlich sterben hier, wie schon gesagt, jeden Tag Menschen. Außerdem war Vivian herzkrank, und daher kam ihr Tod nicht überraschend. Aber dennoch - wir waren Freunde.« Ich hörte lange Zeit zu, während Tova mir, von gelegentlichem Schluchzen unterbrochen, erzählte, warum sie Vivian so geliebt habe und wie sehr sie sie vermisse.

Die *ganze* Weisheit ist mehr als die Vergänglichkeit der Dinge, mehr als die Wahrheit, dass der Geist, der nicht gewillt ist, sich zu fügen, sich neuen Schmerz schafft, mehr als die Tatsache, dass die Dinge sich in unendlichen Verknüpfungen von gesetzmäßiger Kausalität entfalten. Genau diese Einsichten, glaube ich, bewirken das tiefe Bewusstsein, dass Wandel, Verlust, Traurigkeit und Kummer das geteilte Los aller Menschen sind und dass wir alle unseren Weg vom einen Ende des Lebens zum anderen in der Hoffnung zurücklegen, uns so oft und so lange wie irgend möglich sicher, zufrieden, stark und beschwingt zu fühlen.

Der Satz, den ich mir am Ende der Senfkorngeschichte gewünscht hätte, lautet: »Und dann saßen der Buddha und die Frau eine Weile zusammen und weinten.«

# Ein wenig tiefer als die Engel: Wie Gleichmut Freundlichkeit fördert

Der buddhistische Name für das Ensemble der vier emotionalen Zustände, zu denen Gleichmut und seine direkten Ableitungen, unvoreingenommenes Wohlwollen, spontanes Mitgefühl und echte Wertschätzung gehören, lautet *Brahma-Vihāras*. Ein *Vihāra* ist im Pali, der Sprache der ältesten buddhistischen Schriften, eine Wohnstätte. *Brahma* ist ein Wort, das Göttlichkeit bezeichnet. In der Übersetzung klassischer Texte wird *Brahma-Vihāra* zumeist mit »göttliche Wohnstätte« übersetzt; die vier grundlegenden *Vihāras*, die hier genannt werden, sind *Mettā* (Freundlichkeit), *Karunā* (Erbarmen), *Muditā* (Mitfreude) und *Upekkā* (Gleichmut). Ich mag den Ausdruck »göttliche Wohnstätten« sehr und stelle mir diese vier Stadien als wundervolle menschliche Bewusstseinszustände vor, in denen der Geist verweilen, sich wohl und wie zu Hause fühlen kann.

Gleichmut, so scheint mir, ist der Boden, aus dem die anderen drei Aspekte des wohlwollenden Geistes erwachsen. Alles hängt von ihm ab. Gleichmut ist das Vermögen des Geistes, einen klaren Überblick über alles, was sowohl äußerlich als auch innerlich geschieht, zu behalten. Außerdem ist er die Fähigkeit des Geistes, der Leidenschaft Raum zu geben, ohne dabei seine Ausgeglichenheit zu verlieren. Der klar sehende Geist stellt sich der Erfahrung mit herzlicher Absicht. Da er stetig und somit unverblendet bleibt, ist er in der Lage, die Situationen, denen er begegnet, richtig einzuschätzen. Diese richtige Einschätzung bringt das mit sich, was die Texte »klares Verständnis der Absicht« nennen, das sichere Wissen um die angemessene Reaktion und um das, was in dieser Situation möglich ist. Klares Verstehen führt zu einer Reaktion, manchmal in Form einer Handlung, manchmal nur in Form eines Gedankens. Und weil wir Menschen sind und Einfühlungsvermögen fest in unsere Hirnstruktur eingebaut ist, reagieren wir dann, wenn wir von dem, was uns widerfährt, berührt sind und wenn unser Geist im Gleichgewicht ist, mit Wohlwollen. Wir reagieren mit Freundlichkeit, Mitgefühl oder Akzeptanz. Dies ist eine schöne Wahrheit über das Potential des Menschen. »Ein wenig tiefer als die Engel ...« ist der Satz, der mir in den Sinn kommt. Oder vielleicht nicht tiefer. Vielleicht sogar göttlich.

Ich will Ihnen sagen, wie das funktioniert. Ich werde es erläutern, indem ich die traditionelle buddhistische Psychologie benutze und einige Beispiele, wie dies in meinem Leben funktioniert, heranziehe. Während Sie das

Folgende lesen, fragen Sie sich, ob diese Jahrhunderte alten Aussagen über die natürlichen Reaktionen des Geistes auch auf Sie zutreffen.

Es gibt bei jeder Erfahrung drei mögliche Valenzen der emotionalen Reaktion: angenehm, unangenehm und neutral. (Hier können Sie vielleicht einen Moment daran denken, wie oft am Tage oder gar in einer Stunde Sie denken »Oh toll!« oder »Oh Mist!« Oder gar »Langweiliger Tag. Überhaupt nichts los.«) Der Buddha lehrte, dass diese verschiedenen Geschmäcker der Erfahrung normal sind, schlichte Tatsachen des Lebens, und dass sie an sich nicht problematisch sind. Dennoch tragen sie das Potential in sich, Unglücklichsein zu schaffen. Wenn wir sie nicht erkennen und darauf achten, bringen sie Gedanken hervor, die nach Veränderung schreien. »Ich *brauche* mehr davon.« »Ich *muss* das loswerden!« »Ich *kann* dies nicht aushalten.« Diese Imperative rühren den Geist auf, bis er der Verblendung anheimfällt.

Besitzt unser Geist jedoch genügend Gleichmut, um die Verblendung abzuwehren, kann Weisheit die Oberhand gewinnen. Dann kann der Geist auf gewöhnliche (neutrale) Situationen mit Wohlwollen, auf erschreckende (unangenehme) Situationen mit Mitgefühl und auf betörende (angenehme) Situationen mit entspannter, ungetrübter Wertschätzung reagieren.

Ich lebe mehrere Monate im Jahr in Frankreich, pendele häufig zwischen San Francisco und Paris hin und her und will Ihnen drei Beispiele aus meinem Alltag geben. Das erste betrifft Wohlwollen und Freundlichkeit, das, was mit dem Pali-Wort *mettā* gemeint ist. Wenn ich *Mettā* als gewöhnliche Freundlichkeit bezeichne, dann wird dies dem Begriff vielleicht nicht ganz gerecht. Es geht dabei eher um eine bewusst kultivierte, allgegenwärtige und hingebungsvolle Freundlichkeit, die auf der Erkenntnis gründet, dass wir alle - weil das Leben kompliziert ist und Körper und Geist sich oft nicht wohl fühlen - die ganze Zeit hart daran arbeiten müssen, die Dinge im Gleichgewicht zu halten. Hier ist ein Beispiel:

Der Nachtflug von San Francisco nach Paris dauert über zehn Stunden. Die Zeit zwischen Mitternacht und den Morgenstunden scheint sich immer länger hinzuziehen und der Raum zwischen den Sitzen in der Kabine scheint immer enger zu werden. Wenn ich aufstehe, um meine Glieder ein wenig zu strecken, und den Gang entlanggehe, sehe ich Männer und Frauen, Alte und Junge, Große und Kleine, lauter Menschen, die ich nicht kenne, manche, die mit Kindern reisen, und sie alle versuchen, es sich irgendwie bequem zu machen. Ich sehe, dass sie sich in die von den Flugbegleitern verteilten Decken eingehüllt haben, zusammengekauert in allen möglichen Ruhepositionen. Manche, die gemeinsam fliegen, haben sich aneinandergelehnt; andere, die einander nicht kennen, versuchen jede Berührung mit dem Nachbarn zu vermeiden.

Häufig geht ein Mann oder eine Frau den Gang mir gegenüber entlang, hält ein Kleinkind im Arm und macht die wiegenden Schritte, die die Unruhe eines Kleinkinds oft besänftigen. Ich spüre eine angenehme Vertrautheit mit diesen Menschen. Auch ich versuche es mir bequem zu machen. Ich habe keine Angst um sie oder um mich, weil ich beim Fliegen entspannt bin und davon ausgehe, dass wir gut landen werden, aber ich wünsche ihnen alles Gute. Ich genieße das Gefühl meiner eigenen Gutherzigkeit. Ja, in diesem Augenblick des mentalen Händehaltens sehen die Leute eigentlich etwas vertrauter aus als gewöhnliche Fremde. Dieser Augenblick der unbeschwerten, unvoreingenommenen, wohlwollenden Verbindung - *Mettā* - gibt meinem Geist Auftrieb. Wenn ich mich danach in meinem Sitz zurücklehne, fühle ich mich besser.

Mitgefühl ist eine Variation von *Mettā*. Es unterscheidet sich von entspannter Freundlichkeit, weil es dem Geist schwerfällt, entspannt und freundlich zu bleiben, wenn er sich mit einer schmerzlichen und unangenehmen Situation konfrontiert sieht. Im Grunde ist es für einen Menschen normal und häufig auch hilfreich, wenn er aufschreckt, sobald er Leiden wahrnimmt. Dieses Aufschrecken ist eine instinktive Reaktion, ein Signal an den Geist: »Hoppla, da ist etwas nicht in Ordnung und du musst vielleicht etwas unternehmen.« Manchmal, wenn das Erschrecken so stark ist, dass es den Geist in Verwirrung stürzt, machen wir eine Periode des Unbehagens durch, während der Geist versucht mit der Erfahrung zurechtzukommen - entweder indem er die Erfahrung verkraftet oder, wenn er das nicht kann, indem er sich ablenkt. Wenn der Geist allerdings stabil bleiben kann, reagiert er sofort, sei es in Gedanken oder Taten, und versucht das Leiden zu lindern. In den traditionellen buddhistischen Texten heißt es: »Das Herz bebt in Resonanz.«

Mitten in einem Flug von Paris nach San Francisco starb ein Mann an Bord der Maschine. Ich wusste nicht, was geschah, aber mir war klar, dass irgendetwas nicht in Ordnung war, weil das Flugzeugsymbol in der Landkarte auf den Bildschirmen in der Maschine plötzlich in die entgegengesetzte Richtung wies. Schon nach kurzer Zeit, während die Leute um mich herum auf die Landkarte zeigten und sich wunderten, was passiert sein könnte, meldete sich der Pilot über die Lautsprechanlage und verkündete, es gebe einen medizinischen Notfall. Sollte sich ein Arzt an Bord befinden, möge er bitte nach vorn kommen, um zu helfen. Seymour folgte dem Ruf, wie er es bereits bei früheren Flügen getan hatte, wenn nach einem Arzt verlangt wurde. Er blieb eine Stunde fort.

Unterdessen wurde der Flug fortgesetzt, als sei nichts geschehen. Die Stewardessen servierten das Mittagessen. Die Leute sahen sich Filme an. Das Flugzeugsymbol auf dem Bildschirm drehte sich wieder gen Westen und ich nahm an (richtig, wie ich später erfuhr), dass die Person gestorben war und eine Landung wegen eines medizinischen Notfalls daher nicht mehr nötig war. Ich fragte mich, wer dieser Mensch wohl gewesen sein mochte, ob er oder sie allein gereist war und wie seine oder ihre Angehörigen davon erfahren würden. Ich stellte mir vor, wie meine Familie sich fühlen würde, wenn ich oder Seymour gestorben wären. Ich dachte: »Hoffentlich sterbe ich nicht in einem Flugzeug«, realisierte dann jedoch, dass ich mir im Zentrum meines erschreckten Geistes der Tatsache bewusst war, dass ich es mir nicht aussuchen kann, wann und wo ich sterbe. Niemand kann das. Seymour erzählte mir später, die Leute hätten sich in ihren Sitzen abgewandt, um nicht mit ansehen zu müssen, was geschah, als das Flugpersonal den Körper des toten Mannes durch das Flugzeug in die vordere Bordküche trug, wo sie versuchten, ihn zu reanimieren. Ich kann mir vorstellen, dass viele Leute das Gleiche gedacht haben wie ich: »Das hätte ich sein können.«

Ich spürte, dass ich zu entnervt war, um zu lesen oder mir einen Film anzusehen, und wollte auch kein Mittagessen. Ich saß einfach still da, und nach einigen wenigen Minuten hörte ich meinen Geist von selbst anfangen, Wunschgebete zu rezitieren. »Möge das Bewusstsein des Toten, wo auch immer es sich befinden mag, frei sein. Möge die Familie dieses Mannes, sei sie im Flugzeug oder anderswo, in ihrem Verlust gestärkt werden. Möge die Erinnerung an diesen Menschen ein Segen für sie sein.

Mögen alle Menschen in diesem Flugzeug, die sich erschreckt haben, in Frieden sein. Möge ich selbst in Frieden sein. Mögen wir sicher landen.« Es gibt traditionelle buddhistische *Karunā*-Sätze für diese Art von Meditation, aber ich sagte sie nicht. Ich rezitiere sie selten, denn sie kommen mir nicht natürlich vor. Ich denke mir lieber meine eigenen aus.

Die traditionellen Sätze und diejenigen, die ich mir ausdenke, bedeuten jedoch dasselbe: Ich bin mir der schmerzlichen Empfindungen in mir als Ergebnis dessen, was dir (oder mir) geschehen ist, bewusst, und auch wenn ich weiß, dass alles vorübergeht, ist jetzt die Zeit des Leidens. Ich hoffe, wir alle haben die Kraft, das, was geschieht, zu ertragen, ohne die Situation zusätzlich noch zu verschlimmern. (Ich sage das natürlich nicht alles als Gebet! Das wäre viel zu umständlich. Ich sage einfach: »Möge es mir gut gehen.« oder »Möge es dir gut gehen.« oder »Mögen du/ich/wir (alle Wesen) ans Ende des Leidens gelangen.« Ich spreche das, was ich meine, in ganz gewöhnlichen Worten aus, so, wie ich tatsächlich zu einem Menschen sprechen würde. Nach solchen Wunschgebeten geht es mir immer viel besser. Sie beruhigen den Geist. Ich dachte: ›Dieses Flugzeug ist wie ein Dorf. Dreihundert Menschen. Viele Kleinkinder. Viele Senioren. Und alle Alterstufen dazwischen. Leute, die essen; Leute, die schlafen; Leute, die arbeiten; Leute, die träumen. Und ein Mensch ist gerade gestorben. Es ist wie im normalen

Leben.‹ Mir tat die Familie des Verstorbenen leid, aber mir ging es gut.

Seymour kam zu seinem Sitz zurück. Er hatte einige Zeit damit verbracht, mit der Tochter und der Frau des Verstorbenen zu sprechen. Sein Tod hatte sie nicht überrascht. Er war sehr krank gewesen. Dennoch war es ein Schock für sie, dass es plötzlich mitten auf einem Flug und unter Fremden passierte. Sie waren offenbar dankbar dafür, erzählte er mir, jemanden zu haben, mit dem sie sich unterhalten konnten. Wir bemerkten, dass sich die Mitglieder der Flugzeug-Crew reihum zu ihnen setzten und während der verbleibenden Flugzeit mit ihnen redeten. Vielleicht gehört das zur üblichen Ausbildung von Flugbegleitern, ich glaube aber, es ist die instinktive Reaktion aller Menschen auf Schmerz. Wir trösten. (Das Herz bebt in Resonanz.)

Und hier kommt die dritte Geschichte, ein Beispiel dafür, dass der Geist (überraschenderweise) auch Gleichmut braucht, wenn er sich angenehmen Situationen gegenübersieht. Es scheint so, als würden angenehme Situationen den Geist nicht aufregen, aber das stimmt nicht. Wenn eine Erfahrung eine Sehnsucht entfacht, die einen Augenblick vorher noch nicht vorhanden war ...

Am letzten Tag eines Wintermonats, den wir in Frankreich verbrachten, fuhren Seymour und ich nach Les Angles, ein Skigebiet, das zwei Stunden von unserem Wohnort entfernt in der Pyrenäen liegt. Wir hatten uns schon von unserer Dachterrasse aus des Anblicks der schneebedeckten Gipfel erfreut, doch dies war das erste Mal, dass wir mittendrin waren. Das Erholungsgebiet war voll von Skifahrern, die ihre Weihnachtsferien hier verbrachten. Wir standen zu Füßen des Anfängerlifts und beobachteten die Leute, wie sie Skifahren lernten. Ich fühlte mich besonders schick in meinen neuen, mit Kunstpelz besetzten, hochhackigen Stiefeln und in der lila Mütze und dem Schal aus Tweedwolle, die mir meine Freundin Tony gestrickt hatte. Ich dachte an all die Jahre, die Seymour und ich Ski gefahren sind, und an all die Pisten, die wir um die Wette hinuntergerast sind, bevor wir vor zehn Jahren damit aufgehört hatten.

»Wir könnten wieder Ski fahren«, sagte ich. »Das ist eine einfache Abfahrt. Lass uns nächstes Jahr Ski fahren.«

»Nein, das können wir nicht. Es ist das Risiko nicht wert. Wir sind zu alt. Wir könnten uns etwas brechen.«

»Aber sieh doch«, entgegnete ich. »Es ist so leicht. Es würde einen solchen Spaß machen, sich wieder einmal Skier anzuschnallen. Noch dazu an so einem sonnigen Tag.«

»Vergiss es. Es wäre lächerlich. Dein Rücken ist nicht in Ordnung. Du hast Bursitis (Schleimbeutelentzündung) in der Schulter. Und letztes Jahr hast du dir einen Nerv im Nacken verklemmt. Komm, wir setzen uns dort drüben auf die Terrasse und schauen den Skifahrern von dort aus zu.«

Auf dem Weg zum Restaurant erhaschte ich in einer spiegelnden Fensterscheibe einen Blick auf mich selbst. Kleiner und pummeliger sah ich aus - eindeutig weniger schick, als ich es mir vorgestellt hatte. Wir bestellten Mittagessen und ich hatte das Gefühl, dass sich mein Geist in Wehmut erging und erst später am Tisch erschien als ich. Einen Augenblick wollte ich schmollen und vorgeben, dass ich mich über etwas ärgerte, was ich als eine herrische Abfuhr wahrgenommen hatte. Doch dann begriff ich, dass mich eigentlich die Tatsache, dass ich alt war, auf die Palme brachte. Wenig später fielen mir zwei in Größe und Alter mir recht ähnliche Frauen auf, die am Nebentisch saßen. Sie waren sorgfältig zurechtgemacht und frisiert, trugen warme Jacken (keine Skikleidung) und schöne goldene Ohrringe. Sie nahmen ein herzhaftes Mittagessen zu sich, redeten und lachten. Ich fand, sie sahen wunderbar aus. Ich sah zu meinen Stiefeln hinab und war froh über die hohen Absätze. Später, bevor wir gingen, machte ich noch ein paar tolle Fotos von einem ungefähr drei Jahre alten Mädchen in einem pinkfarbenen Schneeanzug, das auf seinen Skiern mit gekreuzten Spitzen balancierte und versuchte, die Riemen der Skistöcke über seine Handgelenke zu bekommen. Auch dieses Mädchen sah wunderbar aus.

Der Geist kommt ins Wanken, wenn er entdeckt, dass er etwas, das er haben will, nicht bekommen kann; wenn er sich dann wieder fängt, vermag er die Dinge wertzuschätzen. Diesmal war der Taumel nur klein gewesen und leicht zu überwinden. Andere Sehnsüchte sind sehr viel schmerzlicher. Die Kreisläufe jedoch von »Oh, eine tolle Sache« ... »Ich will sie haben« ... »Wie ärgerlich, dass ich sie nicht haben kann. Ich bin traurig darüber« ... und »So ist es nun mal. Es kann jetzt nicht anders sein« - diese Kreisläufe sind immer dieselben, ob die Sehnsucht nun trivialer oder gravierender Natur ist. Letzten Endes erfolgt die Linderung in zwei Stadien. Das erste ist der Augenblick, in dem der Geist aufhört zu kämpfen und sagt: »Ich wollte etwas anderes, aber dies ist es, was ich habe.« Das zweite ist die Fähigkeit, sich mit anderen zu freuen, Freude über das Vergnügen anderer zu empfinden. »Möget ihr beiden schönen Frauen dieses Mittagessen und viele andere genießen.« - »Mögest du, niedliches kleines Mädchen in Pink, das mich an meine eigenen Kinder und Enkelkinder erinnert, so aufwachsen, dass du dich am Skifahren und an deinem Leben erfreuen kannst.« (Das Wort in Pali für die Fähigkeit, etwas vollkommen anzunehmen und ihm seinen Segen zu geben, ist *muditā*.)

Nachdem ich nun diese drei Geschichten über das, was mir die natürlichen Reaktionen des Wohlwollens eines von Weisheit ausgeglichenen Geistes zu sein scheinen, erzählt habe, möchte ich noch einen Schlussakkord buddhistischer Theorie hinzufügen. Die Reaktionen von Freundlichkeit, Mitgefühl und Akzeptanz, die ich in diesen drei Situationen empfunden habe – die alle situationsgemäße Umsetzungen des grundlegenden Wohlwollens sind –, hingen davon ab, ob mein Geist entspannt und wach genug war, um bemerken zu können, was um mich herum und was in mir als Reaktion darauf geschah. In diesen Fällen, auch wenn die Situation eine Herausforderung darstellte, bewies mein Geist genug Gleichmut, um mir zu gestatten, mit Zuneigung verbunden zu bleiben. Meine eigene wohlwollende Natur, die stets bereit ist, sich auszudrücken, war meine Zuflucht. Und meine Freundlichkeit bewirkte, dass ich mich besser fühlte.

Es hätte auch anders laufen können. Wäre mein Geist während des langen Nachtfluges allzu beschäftigt mit Geschichten meines Lebens, des vergangenen oder kommenden, gewesen oder wäre er aus Angst vor dem Fliegen in Aufruhr versetzt worden, oder wäre ich einfach nur zu müde gewesen, um auf das Geschehen um mich herum achtzugeben, hätte ich vieles verpasst. Ich wäre nicht in der Lage gewesen, eine grundlegende Wahrheit über uns Menschen zu erkennen – nämlich dass wir stets unser Bestes tun, um es uns bequem zu machen, in geordneten Bahnen, damit niemand gestört wird, und in welcher Situation wir uns auch befinden mögen. Zudem hätte ich die Gelegenheit versäumt, mich von menschlichem Mut anrühren zu lassen. Statt mich mit den anderen Passagieren auf dem Flug warm verbunden zu fühlen, wäre ich gleichgültig geblieben. Von außen hätte ich gleich ausgesehen. Aber ich hätte mich nicht annähernd so gut gefühlt.

Ich weiß allerdings nicht, ob mein Geist zum Trösten ausgeglichen genug gewesen wäre, wenn jemand in der Reihe neben mir krank geworden oder gestorben wäre. Ich wäre womöglich voller Angst gewesen, nicht über die Fertigkeiten zum Helfen zu verfügen. Ich war bei Freunden, als sie starben, aber in der Situation wollte ich dabei sein und war nicht überrascht. In einem Flugzeug und völlig überrumpelt, hätte ich mir vielleicht gewünscht, es würde nicht geschehen oder dass ich irgendwo anders wäre. Ich weiß es nicht. Wäre mein Geist von Abneigung oder Angst überwältigt worden, dann hätte mir die Weisheit, die mich daran erinnert, dass diese Dinge geschehen - dass die Leute aufgrund von Gegebenheiten, die außerhalb ihrer Kontrolle liegen, krank werden und sterben -, nicht zur Verfügung gestanden, um mich zu beruhigen. Ich hätte womöglich vergessen zu beten.

Und wenn ich an jenem Tag in Les Angles weniger glücklich gewesen wäre, wäre ich vielleicht Neid oder Eifersucht anheimgefallen, und um zu vermeiden, diese Gefühle anerkennen zu müssen, hätte ich vielleicht einen Streit darüber angefangen, dass mein Mann mir eine solche Abfuhr erteilt hatte. Wie sich jedoch zeigte, verfügte ich über genug Weisheit, um zu denken: »Die Dinge ändern sich. Das war damals. Jetzt ist jetzt. Es gibt andere Annehmlichkeiten, an denen ich mich erfreuen kann. Alle Menschen möchten in ihrem Leben mal dieses und mal jenes tun. Wir sind vielleicht für eine Weile dazu in der Lage, und dann sind wir es nicht mehr. Möge ein jeder, ich eingeschlossen, diesen Augenblick genießen.«

Gleichgültigkeit, Mitleid, Neid und Eifersucht sind das, was der Buddha die »nahen Feinde der *Brahma-Vihāras*« nennt. Gleichgültigkeit kann beispielsweise im Gewand von Gleichmut daherkommen, sehr ausgeglichen und ruhig wirken, aber in Wirklichkeit das genaue Gegenteil emotionaler Verbindung darstellen. (Denken Sie an den Ausdruck »Das ist mir völlig egal«, der für mich immer einen traurigen Beigeschmack hat.) Mitleid ähnelt ein wenig dem Mitgefühl, weil es Leiden anerkennt, aber es ist ein Bewusstsein, das sich immer um Armeslänge vom Schmerz entfernt hält und das Ablehnung in sich trägt. »Das ist ja wirklich dumm, dass dir das passiert ist«, denkt der Geist, ohne sich zu erinnern: »Diese oder eine andere schmerzliche Sache wird auch mir oder meinen Angehörigen irgendwann zustoßen. Mögen alle Wesen in ihrem Leiden immer getröstet werden.« Und ohne ein ausbalancierendes Gewahrsein des Geistes können sich Entzücken und Zuneigung nur allzu schnell in Neid und Eifersucht verwandeln, wenn wir die Freude anderer Menschen begehren oder wenn wir etwas im Austausch für unsere Freundschaft verlangen. Die nahen Feinde sind allesamt unglückliche, angespannte Geisteszustände. Die *Brahma-Vihāras* stellen Verbindungen her, die den Augenblick nähren und beleben. Die nahen Feinde dagegen schaffen Distanz und Isolation.

Wenn ich anderen in Augenblicken des Glücks Gutes wünsche, wenn ich ihnen in Konfliktsituationen Gutes wünsche und wenn ich ihnen mit gewöhnlichem Wohlwollen begegne, während sie ihren Alltagsgeschäften nachgehen – also mit Wertschätzung, Trost und Freundlichkeit –, dann stelle ich eine Verbindung zur Außenwelt wie auch zu meinem eigenen natürlichen Gutsein her. Diese beiden Perspektiven fungieren für mich als Sicherheitsnetz. Mit der Außenwelt achtsam verbunden zu sein, hält mich davon ab, in die Enge der Selbstabsorption zu verfallen, aus der heraus keine Realitätsüberprüfung in Weisheit mehr möglich ist. Und die Rückbindung an meine eigene wohlwollende Natur schützt mich jedes Mal, wenn es geschieht, vor der Verzweiflung, dass nichts, das ich (oder jemand anderes) tun könnte, etwas ändern würde. Sicher mit meinem Leben verbunden und meines essentiellen Gutseins gewiss, fühle ich mich wohl und zu Hause, in der Tat in einer sehr erhabenen Wohnstatt.

Und hier noch ein weiteres Detail aus den traditionellen Berichten über die Erleuchtungserfahrung des Buddha, das mich besonders inspiriert, weil es den Buddha so menschlich erscheinen lässt. Es wird berichtet, er habe gezögert, mit dem Lehren zu beginnen, weil ihm klar war, was für eine ungeheuer große Aufgabe das sein würde. Manche Legenden berichten, himmlische Abgesandte seien ihm erschienen und hätten ihn gedrängt zu lehren, indem sie ihm ins Bewusstsein riefen, welchen Nutzen die Botschaft vom Ende des Leidens jenen Menschen bringen würde, die sie hörten. Es heißt, der Buddha habe dem Ansinnen der himmlischen Abgesandten entsprochen und sich schließlich doch dazu entschieden zu lehren.

Ich weiß, dass mich meine eigene Freundlichkeit in Situationen, in denen ich noch zögere, etwas zu tun - etwas, von dem ich weiß, dass es hilfreich sein wird -, antreibt, aktiv zu werden. Ich sehe voraus, wie schlecht ich mich fühlen würde, wenn ich nicht handelte. Ich glaube, dass es dem Buddha ebenso erging. Die »himmlischen Abgesandten« sind, so glaube ich, die Impulse unserer eigenen natürlichen Freundlichkeit.

# Wir sind alle in Gefahr: Wie Freundlichkeit den Gleichmut wiederherstellt

Bislang haben wir gesehen, wie das Aufbauen von Gleichmut die Bedingungen schafft, um jene tiefe Weisheit entstehen zu lassen, die Freundlichkeit als natürliche einfühlsame Reaktion fördert. Umgekehrt gilt das Gleiche. Der Ausdruck von Freundlichkeit fördert Gleichmut, der wiederum Weisheit nährt – die immer tröstend wirkt.

Meine Freundin und Kollegin Tamara rief mich neulich nachmittags unerwartet mit der Nachricht an: »Ich rufe nur an, um dir zu sagen, dass du dir um mich keine Sorgen zu machen brauchst.« Tamara hatte sich nur wenige Wochen zuvor wegen des Verdachts auf Eierstockkrebs einer Operation unterzogen, und der Erstbericht der Pathologie war negativ gewesen. Eine Woche später werteten weitere Spezialisten die Daten aus, und die Diagnose wurde auf Krebs im Frühstadium geändert. Sie erhielt daraufhin ihre erste Chemotherapie-Behandlung. Als sie mit der aufgeregten »Kein Grund zur Sorge«-Botschaft durchrief, war mein erster Gedanke: »Halleluja!

Sie haben die Gewebeproben erneut geprüft, und sie hat keinen Krebs.« Doch dann fuhr sie fort: »Ich werde in Sicherheit sein, auch wenn der Hurrikan Frances genau auf Palm Beach zukommt. Einige Freunde haben ein Haus mit wenigen Fenstern, das weniger abgelegen ist und geschützter liegt als meines. Sie haben mich eingeladen, bei ihnen zu bleiben, bis der Sturm vorbei ist. Ich verlasse also mein Haus und du wirst mich nicht erreichen, wenn du anrufen solltest. Ich wollte dich nur wissen lassen, dass du beruhigt sein kannst, ich werde in Sicherheit sein!«

Ich verfolgte während der nächsten drei Tage den Verlauf des Hurrikans Frances auf dem Wetterkanal und wurde mir bewusst, dass der Sturm erst dadurch so wichtig für mich geworden war, dass ich jemanden, der mir besonders lieb ist, mitten darin wusste. Die im Regen stehenden Meteorologen, die mit einer Hand den Kragen ihres Wettermantels und mit der anderen ein Mikrophon hielten, den brüllenden Sturm überschrien und einen Lagebericht über den Hurrikan und die letzten Evakuierungsmaßnahmen gaben, wurden mir vertraut. Eine junge Berichterstatterin duckte sich plötzlich unter die Kamera, um einigen herabfliegenden Dachziegeln auszuweichen, und rappelte sich dann wieder auf, um ihren Bericht zu beenden. Ich bewunderte ihren Mut und ertappte mich dabei, dass ich mich fragte, ob ihre Mutter sie wohl im Fernsehen sah.

Nach dem Sturm rief Tamara mich an und beschrieb mir ihre Erfahrungen: »Der Sturm brach mitten in der Nacht los. Er machte einen ungeheuren Lärm, wie ein Güterzug. Die Fenster klapperten. Der Strom ging aus und so hörten wir keine Nachrichten und hatten kein Licht. Meine Freunde und ich saßen bei Kerzenlicht auf dem Wohnzimmersofa, und wir kuschelten uns in unseren Pyjamas und Nachthemden aneinander. Die meiste Zeit waren wir still, aber immer, wenn wir Angst bekamen, beteten wir. Wir beteten, dass wir in Sicherheit wären und es uns gut gehe und allen anderen um uns herum im Sturm ebenso.«

Ich erzählte Tamara, dass ich bei ihrem Anruf für einen Moment gedacht hatte, sie hätte keinen Krebs. »Weißt du, ich habe während des Sturms die ganze Zeit nicht an den Krebs gedacht. Ich habe nicht vergessen, dass ich ihn habe. Er war nur gerade nicht von Bedeutung.« Sie lachte und fügte hinzu: »Das wäre ein toller Titel für einen Vortrag: ›Sich Sorgen machen bringt nichts: Man weiß nie, worüber man sich zuerst sorgen sollte.‹ Und während dieses Sturmes war sowieso jeder in Gefahr – ob mit Krebs oder ohne.«

Bevor wir unser Gespräch beendeten, sagte Tamara noch: »Etwas habe ich bei der ganzen Sache gelernt: Wenn mir klar ist, dass ich keine Kontrolle über eine Situation habe – wie bei dem Hurrikan oder vielleicht beim Krebs –, und ich in der Situation mit Freunden zusammen bin, die mich lieben und die ich liebe, dann kann ich damit umgehen. Und das Beten für alle um mich herum, als meine Angst am größten war, brachte mich durch die schlimmsten Augenblicke.«

# Zweiter Teil

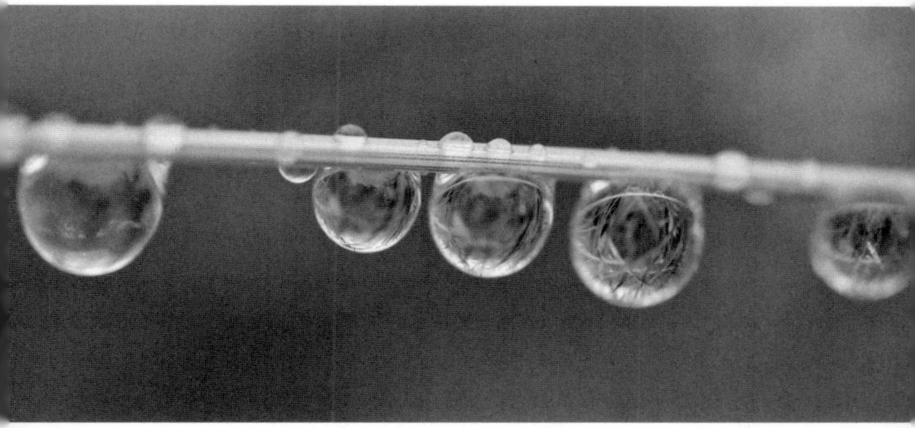

# Weises Bemühen

# Tu's einfach: Weises Bemühen als Übung der Weisheit

Weises Bemühen, durch das wir bewusst die Aufmerksamkeit des Geistes verlagern, so dass wir zum Gleichmut zurückfinden können, ist ein anderer Weg zur Weisheit als Achtsamkeit zu praktizieren oder Sammlung zu üben. Das Ziel ist jedoch dasselbe. Achtsamkeit stellt das Gleichgewicht wieder her und löst Weisheit aus, indem sie die Erfahrungen des Geistes zur Kenntnis nimmt, identifiziert und die auftretenden Muster erkennt. Sie begreift, dass die verblendenden Energien vorübergehend und ohne Substanz sind und dass wir die grundlegende Klarheit des Geistes selbst in deren Gegenwart aufrechterhalten können. Sammlung bringt den Geist wieder ins Gleichgewicht, indem sie für uns direkte Gegenmittel gegen die verblendeten Energien im Geist liefert, so dass sich Weisheit offenbaren kann. Das weise Bemühen in seiner klassischen Definition hört und fühlt sich für mich so an wie ein zielgerichteter Sprung über die Zwischenschritte hinweg zum erwünschten Zielpunkt. Daran denke ich oft in den Worten der Werbung für Nike-Sportschuhe: »Just do it« – »Tu's einfach.«

Ich muss Ihnen allerdings gestehen, dass dieses »einfach Tun« nicht immer leicht ist. Als ich unlängst im Spirit Rock Meditation Center auf dem Weg vom Esssaal zur Meditationshalle war, ertappte ich mich dabei, wie ich (im Stillen natürlich) Verse eines Schlagers aus den vierziger Jahren vor mich hin sang. Als ich auf die Worte achtete, musste ich lachen. »Dreißig Jahre der Praxis«, dachte ich, »und das Erhabene ist vom Banalen verdrängt worden. Läuft etwa alles darauf hinaus?« Was ich da vor mich hin gesungen hatte, begann mit der Zeile: »Wenn dunkle Wolken dräuen, schau aus nach dem Silberstreif am Horizont.« Und es geht weiter im Text mit: »Irgendwo scheint jetzt die Sonne«, gefolgt von der ermutigenden Mahnung: »Du kannst sie auch für dich scheinen lassen.«

Ich gab dem Impuls des Geistes, sich über sich selbst lustig zu machen, nicht weiter nach – »Was kommt als Nächstes? Aus Zitronen mach Limonade?« –, weil mir schon bald zwei Dinge klar wurden. Das erste war, dass mein Geist unentwegt versucht, schlau zu sein, selbst wenn es auf meine eigenen Kosten geht, und dass sich dies plötzlich ziemlich lächerlich und ermüdend anfühlte. Das zweite war, dass die Verse gar nicht banal sind. Zu sagen, dass irgendwo die Sonne scheint, ist eine innovative Art und Weise zu sagen, dass die Dinge vorübergehen, dass die gegenwärtigen Schwierigkeiten nicht andauern werden. Zu sagen, dass man die Sonne auch für sich scheinen lassen kann, dass man also günstigere Umstände für sich herbeiführen kann, ist - mal abgesehen davon, dass es ein beflügelnder Glaubenssatz ist - eine gute Möglichkeit, die Rolle der Intention zu beschreiben. Meine eigene spirituelle Praxis skizziere ich oft als den fortlaufenden Versuch, »mir den Kopf nicht verdrehen zu lassen« oder bei jeglicher Herausforderung, die mich gerade aufgebracht hat, »über den Tellerrand hinaus zu denken«. Eleganter wäre wahrscheinlich die Formulierung: »Meine Praxis besteht darin, mich daran zu erinnern, dass auch wenn alles, was geschieht, einschließlich meiner emotionalen Reaktionen darauf, die gesetzmäßige Wirkung von Myriaden von Ursachen ist, die sich meiner Kontrolle entziehen, ich doch die Freiheit besitze, mich zu entscheiden, wie ich mich dazu stellen will. Ich kann mich für das Glück entscheiden.«

Das ist ein radikaler Gedanke, aber Buddha war auch ein radikaler Psychologe. Der Vers, den man Meditierende für sich rezitieren lässt, damit sie ihren Gleichmut konsolidieren können, lautet: »Jeder Mensch ist Erbe seines eigenen Karmas. Sein Glück ...« (oder mein eigenes Glück, füge ich hinzu) »... hängt von seinen Taten ab und nicht davon, was ich mir für ihn wünsche.« Erbe des eigenen Karmas sein bedeutet nicht, dass »du kriegst, was du verdienst«. Ich glaube, es bedeutet: »Du bekommst das, was du bekommst.« Üble Dinge geschehen auch guten Menschen. Dass mein Glück von meinen eigenen Taten abhängig ist, bedeutet für mich, dass es von meinem Handeln abhängt, also ob ich mich eher für Mitgefühl – sowohl mit mir selbst als auch mit anderen – als für Zank entscheide.

Eine Standard-Textversion der Lehren des Buddha über weises Bemühen besteht immer aus vier Teilen:

1. Werde dir der Präsenz heilsamer Zustände (Friede oder Glück oder eines der *Brahma-Vihāras*) im Geist bewusst und erhalte sie aufrecht.
2. Werde dir der Abwesenheit heilsamer Zustände im Geist bewusst und kultiviere sie.
3. Werde dir der Abwesenheit nicht heilsamer Zustände (Wut, Gier und Abneigung) im Geist bewusst und halte sie fern.
4. Werde dir der Anwesenheit nicht heilsamer Zustände im Geist bewusst und eliminiere sie. In einer besonders aufrüttelnden Predigt schlägt der Buddha eine Reihe von Weisen vor, auf die man den Geist von eingefahrenen schmerzlichen Gedanken befreien kann, die nicht heilsame Gefühle hervorbringen. Er endet mit der Unterweisung, die Meditierenden sollten, wenn alles andere nichts fruchtet, die Zähne zusammenbeißen und mit aller Macht solche Gedanken und Gefühle willentlich entfernen. Das gefällt mir.

Alle anderen Ratschläge in dieser Predigt bis hin zum letztendlichen »Reiß dich zusammen« sind Ratschläge, wie man die Geschichte, die die schmerzliche Erfahrung umgibt, neu gestalten kann, so dass sich der eigene Geist nicht mehr als Opfer empfindet. Hier ein zeitgenössisches Beispiel:

Meine Freundin Susan stand an einem augenscheinlich ruhigen Surf-Tag in Zijuataneo in Mexiko knietief im Ozean, als eine Welle sie hochhob und sie auf eine Weise auf ihr Fußgelenk warf, dass es an mehreren Stellen brach. Susan wusste, dass sie in Schwierigkeiten steckte. Der Schmerz war heftig. Sie war ohne Begleitung und niemand war in der Nähe. Sie setzte sich auf, die Beine zum Meer hin ausgestreckt, und ließ sich von den nächsten Wellen ans Ufer zurückspülen. Dann winkte und rief sie, bis Leute sie bemerkten und sie aus dem Wasser und auf einen Liegestuhl im Schatten eines Strandschirms trugen. Jemand rief dann den Krankenwagen.

Es war der fünfte Tag einer siebentägigen Yoga- und Meditations-Klausur, ein Tag, den die Teilnehmer außerhalb der strukturierten Versammlungen in Stille und Einsamkeit verbringen sollten. Doch nach Susans Rettung sprach sich die Nachricht von ihrem Unfall sehr schnell am ganzen Strand herum, und andere Klausurteilnehmer, manche von ihnen Berufskollegen, manche Fremde, die sie erst kürzlich kennengelernt hatte, eilten ihr zur Hilfe. Jemand legte ihr ein nasses Tuch auf die Stirn. Jemand anders improvisierte einen Eisbeutel aus einer Plastiktüte mit Eiswürfeln aus dem Kiosk, in dem kalte Getränke verkauft wurden. Jemand sagte: »Nimm einen tiefen Atemzug. Und noch einen. Alles wird gut. Gleich kommt Hilfe.«

Susan sagte: »Es tut mir so leid, dass ich diesen ganzen Aufruhr verursache. Dies sollte doch eigentlich ein stiller Tag werden.«

»He, vergiss das jetzt mal.«

»Ist schon in Ordnung.«

»Wichtig ist jetzt nur, dass du schnellstens verarztet wirst.«

»Ich hol dir etwas Wasser zum Trinken.«

»Ich decke dich zu.«

Der Krankenwagen traf ein, und da der Strand mehrere schmale steinerne Treppenfluchten von der Straße entfernt lag, musste man Susan auf eine Tragbahre schnallen, um sie, einer vorn und einer hinten, die Stufen zum Ambulanzwagen hinauftragen zu können. Mehrere von uns, die sich bereithielten einzugreifen, folgten dicht dahinter und beobachteten, wie die Bahre durch die engen Treppenabsätze manövriert wurde. Ich saß mit Susan im Rettungswagen, während die Sanitäter Vorkehrungen trafen, mit ihr loszufahren. Das Thema der Morgenmeditationsklasse war die Möglichkeit, eine schwierige Erfahrung in einen Kontext einzubetten, der groß genug ist, um Gleichmut im Geist zu bewahren. Susan sah zu mir herüber und lächelte.

»Dies ist der schönste Abtransport in einem Krankenwagen, den ich je erlebt habe«, sagte sie, und wir mussten beide lachen.

»Ich werde der Gruppe während der abendlichen Unterweisung erzählen, was du gesagt hast«, versicherte ich. »Es wird ihnen gefallen.«

Und tatsächlich. Alle applaudierten. Es macht jedermann Mut, daran erinnert zu werden, dass es eine erlösende Perspektive, einen größeren »Rahmen« gibt, in den der Geist ein Ereignis einordnen kann, um es - zumindest zeitweilig - leichter verdaulich zu machen. Auch wenn der Augenblick in dem Rettungswagen einigermaßen unbeschwert war, hatte Susan in den kommenden Monaten viele schwere Zeiten durchzustehen, bis sie sich von der Operation erholt hatte. Erlösende Augenblicke sind leider zeitlich begrenzt - aber ist nicht alles zeitlich begrenzt? Die Tatsache, dass sie geschehen können - in einem Augenblick der Dankbarkeit, der Wertschätzung von etwas -, darauf kommt es an. Sie geben dem Geist die Chance, sich zu entspannen und sein natürliches Vermögen zurückzugewinnen, ein Gefäß für die Weisheit zu sein - in diesem Fall für die besondere Weisheit, dass diese schwierige Situation, auch wenn sie unangenehm ist, zeitlich begrenzt ist.

Die Erkenntnis »Dies tut sehr weh« und »Die Rückfahrt morgen nach New York City wird wohl ziemlich hart werden« kann neben den ganzen anderen Wahrheiten existieren und von ihnen modifiziert werden: Dies wird vorübergehen. Die Leute sind freundlich. Sogar Fremde werden durch die Probleme anderer aufgerüttelt und dazu veranlasst, ihre Hilfe anzubieten. Man weiß nie, was der nächste Augenblick bringen wird. Daher besteht die einzige sich immer wieder bietende Möglichkeit, glücklich zu sein, darin, ganz und gar in diesem Augenblick zu leben. Lebendig zu sein ist eine mysteriöse und heikle Angelegenheit. Dass Leben überhaupt geschieht - wie auch immer es sich abspielt - ist ein Wunder.

# Niemanden auslassen: *Mettā*-Praxis als weises Bemühen

Es überrascht mich selbst, dass ich die *Mettā*-Praxis hier als eine Übung des weisen Bemühens beschreibe. Ich lernte sie als eine Übung der Sammlung kennen, bei der ich ohne Unterlass und innerlich still *Mettā*-Wunschgebete rezitierte, und sie ist noch immer eine wichtige Praxis für mich. Ich habe auch lange über *Mettā* als eine spontane Reaktion auf Achtsamkeit nachgedacht, als das natürliche Wohlwollen, das in Augenblicken deutlicher Verbundenheit aufsteigt. Doch während ich an diesem Buch arbeitete, wurde mir klarer denn je, dass die unerschütterliche Entschlossenheit, einen nicht kämpfenden Geist zu kultivieren – also einen Geist, der einer Erfahrung zu begegnen vermag, ohne das dringende Bedürfnis zu verspüren, sie müsse anders sein –, fortlaufendes und unermüdliches Bemühen erfordert. Das fortgesetzte Bemühen, einen Geist zu kultivieren, der, wie es im Gesang über die Liebende Güte aus dem *Mettā-Sutta* heißt, von so viel »Fröhlichkeit und Gewissheit« erfüllt ist, dass er allen Wesen ohne Ausnahme zu wünschen vermag, sie mögen glücklich sein.

Der Legende nach lehrte der Buddha *Mettā*, sich selbst und anderen energisch Gutes zu wünschen, als eine Übung zum Schutz in beängstigenden Situationen für Mönche, die allein aufbrachen, um im Dschungel, entfernt von der Gemeinschaft, zu meditieren. Die traditionelle Liste des Gewinns aus der Meditationspraxis schließt Immunität gegenüber »Giften und Waffen und Feuer« ein. Alle Immunität, die ich brauche, besteht darin, dass mein Geist in einer wohlwollenden Stimmung ruht und ich deshalb gegen Feindseligkeit, Abneigung, Eifersucht oder Neid sowie den Schmerz, mich von anderen getrennt zu fühlen, gewappnet bin. Auch wenn eine wichtige *Mettā*-Rezitation mit den Worten beginnt »Möge ich frei sein von Feindschaft und Gefahr«, was sich sicherlich ursprünglich auf von außen drohende Gefahren bezog, denke ich für mich immer »frei von Feindschaft in mir«.

Die Technik der formalen Praxis beginnt mit den Wunschgebeten für einen selbst und schließt mit Wunschgebeten für alles Lebendige. Ein bestimmter Satz im *Mettā-Sutta*, in dem es heißt, man möge »niemanden auslassen«, scheint mir der wesentliche Schlüssel zu der gesamten Lehre zu sein. Ich verstehe das so, dass Frieden im Geiste von bedingungslosem Wohlwollen abhängig ist. Mit anderen Worten: Jegliche Antipathie im Geist, jeglicher Streit, schließt persönliches Glücklichsein aus. Mit Glücklichsein als Ziel kann die Technik, systematisch jeden zu segnen, den der Geist sich nur vorstellen kann, verborgene Aversionen und alle Reste des Anhaftens an Groll ausrotten. (An diesem Punkt der Beschreibung der *Mettā*-Praxis sage ich manchmal, dass es klingt, als brächte ich meinen Geist zur Reinigung. Es fühlt sich tatsächlich so an.) Meine Entschlossenheit, alle in mir verborgenen Feindseligkeiten zu entdecken und aufzulösen, wird von dem Wissen inspiriert, dass ich selbst immer der Hauptbegünstigte meines Wohlwollens bin, ganz gleich, an wen ich denke. Meinen Geist in eine uneingeschränkt fürsorgliche Verfassung zu bringen bedeutet, dass meine Gebete bereits erhört wurden. Es bedeutet, dass ich frei bin vom Leiden an Feindschaft und der Gefahr, unglücklich zu bleiben. Es bedeutet, dass ich vollkommen verbunden und damit lebendig bin.

Ich halte die Psychologie des Aufbaus der formalen *Mettā*-Praxis für genial. Sie funktioniert auf zweierlei Weise. Allem voran besänftigt die Wiederholung der Wunschgebete die Anspannung in einem von Abscheu umnebelten Geist. Die freundlichen Gedanken, die den Geist ganz ausfüllen, bewirken dies, zumindest so lange wie man gesammelt die Wunschgebete spricht und deshalb aufhört, sich selbst aufstachelnde Geschichten zu erzählen wie »Er hat mir Unrecht getan« oder »Sie hat mich ausgenutzt.« Wir können nicht Menschen segnen und uns gleichzeitig Vergeltung und Rache vorstellen. Das wäre so, als wolle man sein Auto im Vorwärts- und im Rückwärtsgang gleichzeitig fahren. Es funktioniert nicht. Wenn wir den Geschichten, die den Geist aufstacheln, Einhalt gebieten, erhält der Geist eine Chance, sich zu entspannen. An diesem Punkt kann er neue Informationen aufnehmen.

Diese neue Information - es gibt da zwei vorhersehbare Varianten - neutralisiert dann weiterhin alle verbleibenden unangenehmen Gefühle. Die erste Perspektive, die im Allgemeinen im Geist auftaucht, wenn er sich so weit entspannt hat, dass er aufhört, sich auf eine besondere Problemstellung zu fixieren, ist eine umfassendere Sichtweise: »Nun, sie *haben* dieses und jenes getan, aber in anderen Situationen ...« Oder auch: »Ich vermute, er wird dies nicht *immer* so tun ...« Ein angespannter Geist denkt in Begriffen von »immer« und »nie« als einer vorschnellen Zusammenfassung unserer Sichtweise. Ein von Gleichmut erfüllter Geist denkt eher in Begriffen von »dieses Mal«.

Die zweite Variante der neuen Information entsteht durch das Befolgen einer speziellen Anweisung in den formalen *Mettā*-Texten. Die Anweisung lautet: »Denk an das Gute in diesem Menschen« - und zwar dann, wenn wir jemandem, sei es persönlich oder in Gedanken, begegnen. Dies war übrigens der Aspekt, der mich dazu brachte, die *Mettā*-Praxis als weises Bemühen zu verstehen. An etwas Gutes zu denken fällt uns nämlich nicht immer leicht.

Es ist natürlich nicht so schwer, wenn jemand Sie verärgert hat, den Sie normalerweise mögen. Dann fallen Ihnen wahrscheinlich viele verschiedene »gute Dinge« ein: »Er bringt mir morgens Kaffee ans Bett« oder »Sie ist so freundlich zu meinem alten Vater« oder »Er setzt sich wirklich mit unermüdlicher Loyalität für eine gute Sache ein.« Der Geist »lächelt«, wenn er an diese Dinge denkt, und entspannt sich. In einem entspannteren und offeneren Zustand erinnert er sich: »Ich bin zwar momentan sauer, aber eigentlich bin ich nur etwas verwirrt. Im Grunde lieben wir uns ja. Mögen wir beide glücklich sein.«

Auch im Hinblick auf Menschen, denen gegenüber ich neutral eingestellt bin, fällt es mir nicht schwer, freundliche Gedanken zu hegen. Immer wenn der Ladenbesitzer in meiner Kleinstadt, der stets hilfsbereit und höflich ist, mich erschreckt, indem er unaufgefordert seine politische Meinung zum Besten gibt, die der meinen völlig entgegengesetzt ist, bin ich froh, ja sogar begierig darauf, ihm für seine Hilfe beim Einkaufen zu danken. Wenn ich das tue, kann ich in mein Auto steigen und an seine Freundlichkeit denken und nicht eine Geschichte laufen lassen, die mit den Worten anfängt: »Leute, die so denken wie er, sind es, die ...« Gelingt es mir, meinen Geist davon abzuhalten, ihn zu verteufeln - was nicht schwer ist, denn warum sollte ich es mir antun, mich über ihn aufzuregen? -, kann ich meine Freundlichkeit bewahren.

Wie auch immer seine politische Meinung sein mag, er hat gute Manieren und ich kaufe gern bei ihm ein.

Ich bin sicher, Sie ahnen inzwischen schon, was eine Übung wäre, die echter Bemühung bedürfte. Wenn ich *Mettā* lehre, unterbrechen mich die Leute häufig an dieser Stelle: »Sie erwarten doch wohl nicht von mir, dass ich auch XY noch Gutes wünsche?«, und nennen eine Person, die jedermann für einen ziemlich üblen Zeitgenossen hält. Ich sage dann, dass die traditionellen Texte solch eine Person den »Feind« nennen, und stimme zu, dass es schwer – sehr schwer – ist, bei einem Menschen, dessen Name allein schon Aversionen weckt, an lobenswerte Dinge zu denken, die »mildernde Umstände« darstellen. Wenn meine Kollegen und ich *Mettā* lehren, fordern wir die Menschen deshalb auf, mit Wunschgebeten für sich selbst, für gute Freunde und vertraute Fremde (Nachbarn, Postboten) zu beginnen, bevor sie es mit Leuten »aufnehmen«, die Aversionen wecken. Aus Rücksicht auf unsere zeitgenössischen Sitten benutzen wir oft eher den Begriff »schwieriger Mensch« anstelle von »Feind«, wenn wir diesen Teil der Praxis vorstellen. Dennoch schreckt der Geist oft noch vor der Anweisung »Denke an das Gute in diesem Menschen« zurück.

»Wollen Sie mich veräppeln? Niemals! Das hieße doch gutzuheißen, was dieser Typ tut, ihn zu einem guten Menschen zu machen.«

Einem solchen Menschen Gutes zu wünschen, macht natürlich keinen guten Menschen aus ihm. Es bringt jedoch unseren eigenen Geist, der beim Gedanken an die Schrecklichkeit der anderen Person erschreckt in die Defensive geht, in Ordnung. So weit, dass wir uns entspannen können. Es hat immer mehr auf sich mit dem Leben eines jeden Menschen als das spezielle Verhalten, das mich an ihm ärgert. Indem ich mich an etwas Positives erinnere - »Er hat zwei Söhne allein großgezogen«, »Sie wäre eine wunderbare Sängerin geworden, wenn ihre Familie in der Lage gewesen wäre, ihr eine Ausbildung zu ermöglichen« oder sogar: »Dieser Politiker, dessen Politik ich überhaupt nicht mag, glaubt sicherlich, er habe recht, so wie auch ich es von mir glaube« -, dann kann ich aus einer monolithischen Repräsentation des Übels ein menschliches Wesen machen, mit dem ich wenigstens eine Sache gemeinsam habe: Wir tun beide unser Bestmögliches.

Wenn mir das gelingt, bin *ich* es, dem es sofort besser geht.

Ich kann Menschen ernsthaft verabscheuen oder nicht mögen, was sie tun, und sie dennoch nicht zu meinen »Feinden« machen. Den Leuten Gutes zu wünschen heißt, keine Angst mehr vor ihnen zu haben, aufzuhören, sie metaphorisch gesprochen auf Armeslänge entfernt zu halten. Bin ich von dem Gefühl befreit, in die Defensive gehen zu müssen - ich bin schließlich selten wirklich in Gefahr, wenn ich Menschen begegne, die ich nicht mag -, dann verändere ich mich. Im Allgemeinen fange ich nicht an, Leute plötzlich zu mögen, die ich zuvor nicht ausstehen konnte. Auch wenn ich realisiere, dass sie leiden und dass sie nicht anders sein können, als sie sind, mag ich sie trotzdem nicht. Das, was sich für mich verändert, wenn mein Geist seine Aversion fallen lässt, ist, dass ich realisiere - weil ich es immer wieder vergesse und mich immer wieder und wieder daran erinnern muss -, dass Vergebung und guter Wille meine zuverlässigste Zuflucht bilden.

Dies sind zwei Formeln, die ich in der formalen *Mettā*-Praxis benutze:

*Möge ich frei sein von Feindschaft und Gefahr.*
*Möge ich im Geiste glücklich sein.*
*Möge ich physisch glücklich sein.*
*Möge ich das Glück des Wohlergehens erfahren.*

Und:

*Möge ich mich zufrieden und sicher fühlen.*
*Möge ich mich beschützt und freudig fühlen.*
*Möge mein physischer Körper mich durch*
*Gesundheit unterstützen.*
*Möge sich mein Leben leicht und mühelos entfalten.*

Die erste dieser beiden Formeln habe ich vor mehr als zwanzig Jahren von meiner Lehrerin Sharon Salzberg gelernt, und ich habe sie so oft gesagt, dass sie mir noch immer ganz von selbst in den Sinn kommt, wenn ich mich erschrecke, wie es manchmal bei plötzlichen Turbulenzen auf einem ansonsten glatten Flug geschieht. Vielleicht wird mir diese Formel am längsten in Erinnerung bleiben, wenn ich älter werde, so wie es oft geschieht, dass ältere Leute zu ihrer Muttersprache zurückkehren. Das macht mir nichts aus, weil ich diese Sätze mag und eine Melodie habe, zu der ich sie singe.

Die zweite Formel habe ich für meine eigene *Mettā*-Praxis auf die Bitte von Schülern hin kreiert, die sich eine Formulierung in moderner Umgangssprache wünschten. Beide Formeln beinhalten dieselben Wünsche nach Sicherheit, Zufriedenheit, Vitalität und Leichtigkeit. Ich habe auch für die zweite Formel eine Melodie.

Ich möchte Ihnen nun eine Übung vorstellen, die Sie gleich jetzt ausführen können. Wählen Sie eine dieser beiden Formeln (wenn Sie später andere benutzen wollen, können Sie sich eigene ausdenken. Dieses eine Mal wählen Sie bitte eine der beiden angeführten Formeln aus.) Nehmen Sie sich genügend Zeit, diese Worte immer und immer zu wiederholen, wie Sie es in einem glühenden Gebet tun würden. (Für den Anfang wären fünfzehn Minuten gut.) Setzen Sie sich dann bequem hin; später können Sie diese Sätze beim Gehen oder bei der Hausarbeit oder sogar beim Fahrradfahren rezitieren, aber heute setzen Sie sich einfach hin. Auf diese Weise können Sie sich die Worte genau ansehen.

Sagen Sie jeden Satz so, als würden Sie erwarten, dass jeder von ihnen sich in Ihrem Geist anders anfühlt – es sind leicht unterschiedliche Wünsche –, und spüren Sie, wie jeder Satz in Ihrem Geist und Körper widerhallt. Sie können die Sätze in der »Möge ich ...«-Form aussprechen, in der sie aufgeschrieben sind, Sie können aber auch »Mögest du ...« sagen und dabei an einen geliebten Menschen denken, wenn Sie das vorziehen. In beiden Fällen können Sie die Wünsche in Ihrem Körper spüren. Zu einem späteren Zeitpunkt können Sie versuchen, Wunschgebete für andere Menschen zu sagen, aber halten Sie es für den Augenblick möglichst einfach. Und bewerten Sie Ihre Erfahrung nicht. Sie können nichts falsch machen. Sprechen Sie einfach einen Satz, halten Sie inne, um ihn in Geist und Körper zu spüren, und sprechen Sie dann den nächsten.

Vergessen Sie nicht, dass diese Übung Früchte tragen soll – Sie eliminieren energisch jede Bitterkeit in Ihrem Geist, indem Sie ihn mit Wunschgebeten ausfüllen. Bleiben Sie also bei diesen Sätzen, auch wenn Ihre Aufmerksamkeit nachlässt. Das Wichtigste ist, bei den gleichen Sätzen zu bleiben und sie immer und immer wieder zu sprechen. Und denken Sie daran: Es sind nicht die Sätze, die den Unterschied machen. Es ist Ihre Entschlossenheit, Ihre Absicht, den Geist in seinem eigenen Gutsein verweilen zu lassen, die den Unterschied ausmachen. Sie erinnern Ihren Geist gewissenhaft daran, Fürsorge zu tragen – was er von Natur aus am besten kann.

# Den Geist gastfreundlich halten: Weise Rede als weises Bemühen

Als Seymour und ich vor zwanzig Jahren mit der Familie der Frau zusammentrafen, die unser Sohn Peter zu heiraten gedachte, wussten wir ihn in guten Händen, sobald wir die Brautmutter reden hörten. »Dies ist mein Sohn Jorge«, sagte sie. »Er ist so ein lieber Kerl und hat eine so wundervolle poetische Seele.« Und: »Dies ist meine Tochter Natalia. Sie werden sie mögen, da bin ich mir sicher.« Oder: »Da kommt meine Schwägerin. Sie ist manchmal ein wenig schroff, aber sie hat auch ein wirklich schweres Leben.« Jeder wurde mit einer Geschichte vorgestellt, die, wenn sie auch nicht unbedingt schmeichelhaft war, doch einen nachsichtig vergebenden Unterton hatte.

Ich hatte damals den Eindruck – und habe ihn heute noch –, dass Noemis Praxis darin bestand, ihren Geist gastfreundlich zu halten. Das verlangt natürlich ein gewisses Bemühen, denn man muss die ganze Zeit dabei bleiben: Jeder Augenblick der Erfahrung geht mit einer ihn bearbeitenden Entscheidung einher: »Ich mag es«

oder »Ich mag es nicht.« Doch dieses Bemühen wird auch unmittelbar belohnt. Anerkennende Rede ist ihrer Definition nach frei von Hohn, der den Geist mit »Feindschaft« umnebelt und angespannt werden lässt. Freundliche Rede gibt dem Geist ein sicheres und auch frohes Gefühl.

Dies ist einer der Punkte, an dem verschiedene Elemente des buddhistischen Achtfachen Pfads der Praxis miteinander verschmelzen. Weise Rede – ein Aspekt der Triade moralischer Schulung, mit dem der Weg traditionellerweise beginnt – wird gewöhnlich als Rede verstanden, die an andere gerichtet ist. Sie beinhaltet Rede, die wahr, freundlich und hilfreich, dem Augenblick angemessen und sanft ist. In Hinsicht auf das weise Bemühen verstehe ich unter weiser Rede, meinen Geist so zu schulen, dass der innere Dialog, der mich den ganzen Tag lang unablässig begleitet, wahr, freundlich und hilfreich, dem Augenblick angemessen und sanft ist. Da dieser Dialog häufig eine spontane kommentierende Beurteilung meines eigenen Verhaltens darstellt, möchte ich gern, dass er, wenn schon nicht schmeichelhaft, dann doch wenigstens vergebend und nachsichtig ist. (Das würde bedeuten, dass es mir gelingt, ausgeglichen genug zu bleiben, um der Weisheit Raum zu geben: Ich gebe schließlich immer mein Bestmögliches.)

Wer weiß, wie viele Stimmen an der Prägung meines inneren Dialogs beteiligt waren? Meine Eltern, meine

Lehrer, meine Kultur, und ich nehme an, sie alle haben eine bestimmte Sichtweise davon, was gut und was nicht gut ist. Manchmal, wenn ich meinen Geist dabei ertappe, wie er eine demoralisierende Meinung über mich selbst formuliert, kann ich hören, wie er sich selbst korrigiert: »Das stimmt einfach nicht!« Einer meiner Freunde lehrte mich einmal »Danke, Mama« oder »Danke, wer auch immer« zu sagen, wenn ich eine Stimme aus der Vergangenheit erkenne, die meinen Geist in dem gegenwärtigen Augenblick beeinflusst, um mich von einer wenig nützlichen Identifizierung zu distanzieren, ohne jemanden zu beschuldigen. Es ist vielleicht hilfreich, all dies als eine Schulung des Geistes zu betrachten, durch die wir ihm beibringen, gute Manieren zu haben und gastfreundlich zu sein. Meine Lieblingsübersetzung des Pali-Wortes *mettā* ist »Freundlichkeit«. Wenn mein Geist in einer freundlichen Stimmung verweilt, bin ich glücklich.

Die Rede-Übung meines Großvaters – er versäumte nie, sich daran zu halten, weshalb ich sie als Übung betrachte, auch wenn er sie wahrscheinlich nicht auf diese Weise ansah – war sicherlich durch seinen kulturellen Hintergrund als osteuropäischer Jude geprägt. Ich möchte aber annehmen, dass sie gleichermaßen von seiner guten Natur beeinflusst war. Immer wenn er sprach, fügte er dem Namen jeder Person, die er nannte, einige modifizierende Worte oder schützende Segnungen hinzu. Er könnte beispielsweise gesagt haben: »Meine Tochter Gladys, möge sie in Frieden ruhen, hatte eine entspanntere Art als meine Tochter Myriam, möge sie leben und es ihr gut ergehen.« Er tat das mit allen Namen, sowohl in neutralen als auch in schwierigen Situationen. Er könnte gesagt haben: »Mein Enkel Henry, möge er leben und es ihm gut ergehen, ist ein großartiger Koch.« Über eine lang zurückliegende Enttäuschung sagte er: »Mein Onkel Jakob, möge er in Frieden ruhen, von dessen Hilfe ich abhängig war, als ich nach Amerika kam, vermochte mir nicht zu helfen, und so war ich auf mich allein gestellt.« Über seine Schwierigkeiten mit seiner dritten Frau (er hatte zwei andere überlebt) sagte er: »Bessie, möge sie leben und es ihr gut ergehen, ist zu exzentrisch geworden, als dass man es heutzutage mit ihr aushalten könnte ...« Dies war seine Erklärung, warum er sie und sein Zuhause verlassen hatte und zu mir gezogen war.

Rückblickend erscheint es mir heute klar, dass die schützenden Segnungen meines Großvaters - welche auch die Menschen einschlossen, die ihm Unrecht getan hatten - ihn davor bewahrten, dass irgendeine negative Meinung sich unbeabsichtigt in Böswilligkeit verwandelte. Er konnte seine Lebensgeschichte erzählen, ohne irgendjemanden zu verunglimpfen. Kurz bevor er ein Jahr vor seinem hundersten Geburtstag starb, sagte er mir mit Gewissheit und offensichtlichem Vergnügen: »Wenn ich gegangen bin, wird es niemanden geben, der auch nur ein schlechtes Wort über mich sagen wird.« Er hatte es seinem Geist niemals erlaubt, Feinde zu erzeugen oder ihnen Unterschlupf zu gewähren.

# Vertraute Fremde: Die Übung absichtlicher Wertschätzung

Immer wenn ich einen Anfall von Lampenfieber habe – das passiert manchmal, bevor ich vor einem großen Publikum in einer weit von zu Hause entfernten Stadt zu lehren beginne –, sehe ich mir die Gruppe an und denke erst einmal: »Ich liebe euch.« Das ist ein Kürzel, um mich daran zu erinnern, dass jeder der Anwesenden in der Absicht gekommen ist, sich an dem, was ich zu sagen habe, zu erfreuen. Sie sind nicht als Kritiker gekommen. Sie sind als Freunde gekommen. Sie sind »auf meiner Seite«. Ich sehe mir die Leute vor mir so an, als würde ich erwarten, jemanden wiederzuerkennen, und tatsächlich sieht jeder irgendjemandem, den ich kenne, ähnlich. Sobald ich sie anlächle, lächeln die Leute zurück, und mein Gefühl von »Oje, ich kenne hier niemanden« wandelt sich zu »Wir sind vertraute Fremde.« Dann entspanne ich mich, fange an eine Geschichte zu erzählen und fühle mich ziemlich heimisch.

Natürlich sind die leichtesten Lehrsituationen diejenigen, in denen ich mich nicht selbst daran erinnern muss, dass die Leute froh sind, mich zu hören, weil das Publikum mich daran erinnert. Im Kripalu Yoga Zentrum in Lenox in Massachusetts, wo ich seit mehr als einem Jahrzehnt Gastlehrerin bin, wird Wertschätzung als spirituelle Praxis geübt. Im Programmheft ist davon nicht die Rede - im Angebot stehen Yoga-Klassen und Psychologie-Seminare -, aber man spürt sofort bei der Ankunft, dass hier eine wohlwollende Atmosphäre herrscht.

Als ich meine Tochter Emily das erste Mal mit nach Kripalu nahm - ich sollte bei einer Konferenz über Yoga und Buddhismus einen Vortrag halten -, spürte sie sofort die gemeinschaftliche gute Stimmung. »Hier geschieht etwas Magisches«, sagte sie. »Die Leute hier sind so unglaublich freundlich zueinander.« Unsere Hypothese war, dass Yoga und Meditation - es gab jeden Tag zwischen den Vorträgen und Präsentationen praktische Sitzungen und Emily und ich nahmen gemeinsam daran teil - jeden hier so entspannten, dass natürliche Wertschätzung entstand, die dazu führte, dass alle Anwesenden, Publikum wie auch Vortragende, sich bei jeder Gelegenheit bedankten. »Danke für die Stunde.« »Danke, dass ihr so aufmerksame Teilnehmer wart.« »Danke.« »Danke.«

Außerdem wurde jeder Vortragende mit einer überschwänglichen Würdigung seiner oder ihrer Talente angekündigt, und jeder Darbietung folgte sofort ein großes Lob für ihre herausragenden Punkte. Nachdem ich gesprochen hatte, fragte Emily mich: »Warst du angesichts all dieser Leute hier nervös, Mami? Es hörte sich nicht so an. Du sahst aus, als hätte es dir viel Spaß gemacht.«

»Ich *hatte* wirklich viel Spaß«, antwortete ich. »Nachdem Kavi mich dem Publikum vorgestellt hatte, war ich über die tollen Sachen, die er über mich gesagt hat, so erfreut, dass ich das Gefühl hatte, ich könnte gar nichts falsch machen. Ich war ganz begierig darauf zu lehren, und ich glaube, ich war besser denn je. Es wäre mir gar nicht in den Sinn gekommen, mir irgendwelche Sorgen zu machen.«

Ich glaube, unsere Hypothese, dass Yoga und Meditation alle glücklich und dankbar gemacht hatten, war sicherlich für einen Teil dieses Gefühls von entzückter Freundlichkeit, das die Gänge und sogar die Fahrstühle erfüllte, zutreffend. Doch darüber hinaus, so glaube ich heute, war die sich immer weiter steigernde gemeinschaftliche gute Stimmung mehr als bloße Dankbarkeit für die Programmangebote, so schön diese auch waren. Ich glaube, es war Dankbarkeit dafür, dass man sich hier sicher fühlen konnte. Die Leute spürten, dass sie keinerlei irgendwie gearteter Feindseligkeit begegnen würden. Wenn ich es mit herabsetzender Kritik zu tun bekomme, auch wenn sie nicht gegen mich persönlich gerichtet ist, fühle ich mich entnervt und mein Geist schaltet auf Verteidigung um. Ich halte das für eine grundlegende Überlebensreaktion und bin froh, dass ich sie habe, so dass ich bei wirklicher Gefahr davonrennen kann. Aber es ist ermüdend, in Habt-Acht-Stellung zu leben. Eine Woche in gemeinschaftlicher Sicherheit vor Tadel und Anfeindung war etwas Erstaunliches.

Sonntag mittags, als die Versammlung zu Ende ging, entstand eine hektische Aktivität, es wurden Fotos gemacht, Telefonnummern ausgetauscht und jeder umarmte jeden. Ich umarmte alle meine Kollegen und auch Emmy tat das. Leute, die ich nicht kannte, die »Danke« oder »Es war schön, beim Yoga neben dir zu sein« sagen wollten, warteten ab, bis sie an der Reihe waren, um ihre Worte loszuwerden, und umarmten mich. Wenn Emmy daneben stand, sagten die Leute häufig, »Es war toll zu sehen, wie viel Spaß ihr beide zusammen hattet«, und umarmten auch sie. Der Kripalu-Fahrer, der uns zum Flughafen von Hartfort brachte, beendete seine Verabschiedungen am Straßenrand ebenfalls mit Umarmungen für uns beide und sagte: »Ihr wart super! Kommt bald wieder!«

Das letzte Teilstück unseres Nachhauseweges nach einem Flug von einer Küste zur anderen war eine einstündige Fahrt mit dem Flughafenbus. Emily und ich stiegen als Letzte aus, und als ich schließlich den Fahrschein am Ausgang bezahlt hatte, waren alle anderen schon mit ihrem Gepäck fortgegangen. Der Fahrer wartete mit unseren zwei Taschen an der Rückseite des Busses, und als wir uns beeilten, sie abzuholen, drehte ich mich zu Emmy um, die in diesem Augenblick auch zu mir herübersah. Wir realisierten beide, dass wir drauf und dran gewesen waren, den Fahrer zu umarmen.

Wir taten es nicht. Wir sagten: »Vielen Dank«, nahmen unser Gepäck, verließen den Busbahnhof und brachen in Lachen aus.

»Du hättest beinahe den Busfahrer umarmt!«

»Du auch! Ich habe gesehen, wie du auf ihn zugegangen bist!«

»Ja, wollte ich.«

»Das ist wirklich urkomisch«, sagte Emily. »Wir haben uns ein Umarmungs-Virus eingefangen.«

Ich glaube, ich erzähle diese Geschichte deshalb immer wieder so gern, weil das Bild des Umarmens solch eine buchstäbliche Repräsentation der »herzlichen Verbundenheit« ist, wie wir sie in der Gesellschaft anderer Leute, mit denen wir uns sicher fühlen, empfinden. Umarmen ist das Gegenteil von »jemandem die kalte Schulter zeigen« oder »jemanden auf Armeslänge entfernt halten«. Ich hoffe, dass wir uns im Grunde mit einem Wertschätzungs-Virus angesteckt haben. Oder vielleicht sollte man es lieber die Wertschätzungs-Impfung nennen, da sie den Geist gegenüber Feindseligkeit immun macht.

Ich frage mich, ob der Busfahrer wohl gemerkt hat, dass wir ihn umarmen wollten. Hoffentlich!

# Den Geist versüßen: Weises Bemühen als klare Einsicht

Reb Zalman Schachter-Shalomi, einer meiner Freunde und Lehrer, sagte vor einigen Jahren zu mir: »Der Geist ist wie Tofu. Er hat an sich keinen Geschmack. Alles hängt vom Geschmack der Marinade ab, in der er zieht.« Diese Tofu-Geist-Analogie verwende ich jetzt auch häufig. Wenn ich ärgerliche Gedanken hege – »Das ist nicht gut« oder »Das sollte nicht so laufen« –, dann sehe ich, wie mein Geist in Verzweiflung gerät oder sich über einen relativ kleinen Anlass aufregt. Ich kann sogar erkennen, wie er es »genießt«, verbittert zu bleiben, als hätte er Freude daran, sagen zu können, dass er sich so schlecht fühle. Ich kann ihn sogar manchmal schwanken sehen, wenn die Gelegenheit auftaucht, die Marinade zu versüßen. Das scheint ein lächerlicher Zwiespalt zu sein – Soll ich glücklich sein? Soll ich unglücklich sein? –, aber ich kann auch die möglichen Gründe für dieses Schwanken erkennen.

Hier ist eine Geschichte. Eine ganz gewöhnliche Geschichte. Sie stammt aus meinem Leben, aber vielleicht erkennen Sie sich ja auch in ihr wieder. Verändern Sie einige der unwesentlicheren Details, und sie wird zu jedermanns Geschichte.

Ich soll an einem regnerischen Februarnachmittag 270 Dollar Strafe zahlen, weil ich allein im Auto die für Fahrgemeinschaften reservierte Spur entlangfuhr. Ich war schon ziemlich entnervt, und der Strafzettel schien die »Krönung« eines Tages voller Ärger zu sein.

»Hören Sie«, sagte ich. »Ich habe das nicht absichtlich getan. Meine Tochter hat mich auf meinem Autotelefon angerufen. Sie war zutiefst unglücklich und musste mit jemandem reden. Ich versuchte, ihr zuzuhören und doch vorsichtig zu fahren und hatte gerade zu ihr gesagt: ›Oje! Ich sehe gerade, dass ich versehentlich in der Fahrgemeinschaftsspur fahre. Ich muss zurück in den Verkehr. Ich muss auflegen‹, als ich ihr Blaulicht sah. Bitte, bitte, *bitte* geben Sie mir keinen Strafzettel.«

Er sagte: »Ich brauche Ihren Führerschein und Ihre Autozulassung.« Ich beobachtete im Rückspiegel, wie er nach hinten zu seinem Motorrad ging und ein Gespräch über den Sprechfunk führte.

»Gut«, dachte ich, »er wird sehen, dass ich eine weiße Weste habe, und mich davonkommen lassen.«

Er kam zurück und gab mir einen Strafzettel. »Okay, es ist keine Ordnungswidrigkeit«, sagte er, »daher nur eine Verwarnung. Geben Sie acht, wenn Sie sich wieder in den Verkehr einreihen.«

Als ich weiterfuhr, sah ich, wie er wieder auf sein Motorrad stieg. »Wo warst du vor zehn Minuten«, dachte ich, »als der kleine grüne Sportwagen mit hundertzwanzig Stundenkilometer zwischen allen Fahrspuren hin und her lavierte und wirklich Leben gefährdete?« Ich war sauer.

Wieder klingelte das Telefon. Es war noch einmal meine Tochter. »Was war los?«

»Ich habe einen Strafzettel bekommen.«

»Ach, so ein Mist. Es ist meine Schuld.«

»Ärgere dich nicht«, sagte ich. »Was passiert ist, ist passiert. Sich ärgern bringt nichts. Von nun an werde ich mehr aufpassen, wo die Fahrgemeinschaftsspur ist. Ich werde daraus lernen. Ich rufe dich später wieder an.«

Nach dem Anruf, frei von den Zwängen angemessenen Verhaltens, forschte mein verwirrtes Hirn nach weiteren Kümmernissen, um darüber zu grübeln. ›Wenn bloß das Treffen im Spirit Rock nicht so lange gedauert hätte‹, dachte ich und nahm jetzt das vorletzte Ärgernis ins Visier. ›Wirklich unfassbar, wie lange die Leute auf einem Punkt herumreiten können. Hätten wir rechtzeitig aufgehört, wäre nicht so viel Verkehr gewesen und ich wäre nicht in die Zeit reingerutscht, in der die Spur für Fahrgemeinschaften reserviert ist.‹

Die letzten Kilometer meines Nachhauseweges führen über Landstraßen, die sich durch Weinberge winden. Normalerweise mag ich diesen Teil der Fahrt sehr, aber heute war ich verärgert und wollte nur nach Hause. Ich konnte hören, wie mein Geist die Litanei indignierter Klagelieder probte, die er loszulassen beabsichtigte, sobald ich durch die Tür war. Ich probierte verschiedene Eröffnungen aus: »Du kannst dir nicht vorstellen, was für einen schrecklichen Tag ich hatte ...« »Autotelefone sind wirklich eine Plage ...« »Wo sind die Bullen, wenn du sie brauchst?«

Genau in diesem Augenblick fuhr ich um eine Kurve und schreckte ein Kaninchen auf, das gerade die Straße überqueren wollte. Ich bremste scharf und rutschte nach vorn. Das Kaninchen hob ab und segelte in einem unglaublich hohen Bogen vor meiner Motorhaube über die Fahrbahn; es landete in der grasbewachsenen Böschung und hoppelte außer Sichtweite. Auch mein Herz hüpfte, zuerst vor Schreck, dann vor Erleichterung, dass ich das Kaninchen nicht überfahren hatte, und schließlich vor Begeisterung über seinen graziösen lebensrettenden Sprung.

Während ich weiterfuhr, beobachtete ich, wie es in meinem Geist hin und her ging, ob ich nun zuerst die Kümmernisse des Tages wiederkäuen oder ob ich mit der erstaunlichen Kaninchengeschichte anfangen sollte. Die Klagelieder schien irgendwie »saftiger« zu sein. Ich erinnerte mich, einmal gehört zu haben, dass eine alte Regel für Nachrichtensendungen im Fernsehen lautet: »Beginne mit den schlechten Nachrichten. Das sorgt für Aufmerksamkeit.« Dann wurde mir klar, dass die Kummer-Vorstellung, die ich vorbereitet hatte, ein Versuch war, Seymour von dem Strafzettel abzulenken und mögliche Kritik zu vermeiden.

»Du hast *was* bekommen??? Das hört sich nicht gerade nach Achtsamkeit an. Weißt du, wie hoch das Bußgeld ist?«

Als ich die Auffahrt zu unserem Haus hinauffuhr, realisierte ich, dass meine verwirrende Gedankentirade außerdem meine Aufmerksamkeit von der Tatsache ablenkte, dass ich müde und hungrig war und mich schämte, einen Strafzettel bekommen zu haben. Also kam ich zu Hause an und erzählte die Geschichte kurz und knapp: »Ich habe gerade ein phänomenales Kaninchen gesehen. Ich bin müde und hungrig. Und ich muss 270 Dollar Strafe dafür zahlen, dass ich allein in der Fahrgemeinschaftsspur gefahren bin. Das tut mir leid. Ich wünschte, ich hätte besser aufgepasst. Lass uns Essen machen.«

Die Kaninchen-Geschichte ist ein Beispiel dafür, dass man sich relativ leicht aus den Fängen einer betrüblichen Emotion lösen kann, so dass sie nicht mehr das gesamte Terrain des Gemüts beherrscht. Obwohl ich müde und hungrig war und beschämt und reumütig darüber, dass ich das Verkehrsprotokoll erhalten hatte, war ich doch in der Lage zu realisieren, welchen Fluchtweg das Kaninchen mir mit seinem wunderbaren Sprung geboten hatte. Ich konnte es zusammen mit dem Strafzettel, dem langen Treffen, meiner Erschöpfung und meinem Hunger auf mich einwirken lassen. Sobald ich das getan hatte, gewann ich eine klarere Sicht auf das, was meine Geschichte nährte und meinen Stress aufrechterhielt. Mehr zu wissen führt immer zu besseren Entscheidungen.

Alles wäre anders gelaufen, wenn irgendein Teil der Geschichte anders gewesen wäre: Wenn das Bußgeld noch höher ausgefallen wäre. Wenn ich noch kilometerweit von zu Hause entfernt gewesen wäre. Wenn ich das Kaninchen überfahren hätte - ich bin so froh, dass das nicht passiert ist. Und wenn ich nicht in der Tiefe meines Herzens sicher gewesen wäre, dass Seymour mich zwar aufziehen, aber nicht schelten würde. Doch die Dinge waren, wie sie waren, nicht anders, und deshalb konnte sich mein Geist - in einem Augenblick, den man vielleicht als rechtes Bemühen bezeichnen könnte, der aber eigentlich recht mühelos schien -, wieder fangen und sich selbst wieder ins Gleichgewicht und in Weisheit bringen. Das Ganze war keine große Sache - nur ein Abend, der davor gerettet wurde, vom Aufruhr der Gefühle verdorben zu werden, so dass zwei alte Freunde gemeinsam zu Abend essen konnten - aber mir erschien es wie eine Gnade.

# Ein Wolkenloch: Gelegenheiten für weises Bemühen

Ich erinnere mich noch genau, wie glücklich ich war, als ich das erste Mal wahrnahm, dass ich »Das reicht jetzt!« zu einem leidvollen Geisteszustand sagen konnte. Ich hatte vorher geglaubt, es bliebe mir nichts anderes übrig, als mich mit unglücklichen Zuständen zu plagen, bis sie wie ein Grippeanfall von allein wieder vergingen. In meinem Alltagsleben und besonders bei Klausuren, wo es nichts anderes zu tun gab, als auf meinen Geist zu hören, dachte ich oft, »Ich hoffe nur, dass ich nicht versehentlich an ... denke!« oder »Möge ich mich bloß nicht an ... erinnern«, weil ich nicht wollte, dass mich unangenehme Gefühle überwältigten wie ein Fieber, das meinen Körper befällt, wenn ich krank bin. Da es während einer Klausur – und im Leben überhaupt – schwer ist, sich vor seinen Gedanken zu verstecken, war es eine große Erleichterung für mich zu entdecken, dass ich es nicht zu tun brauchte. Ich realisierte, dass ich mich an alles erinnern konnte, was auftauchte, ohne die Gefühle, die die Erinnerungen mit sich brachten, missachten oder unterdrücken oder verdrängen zu müssen, und dass ich zumindest eine Pause machen konnte, wenn es zu viel wurde.

Zu dieser Entdeckung kam es am Ende eines Klausurtages nicht lange nachdem ich mit der Meditationspraxis begonnen hatte. Ich hatte die Nachmittagssitzung unter Tränen verlassen. Am früheren Morgen hatte ich mich - wie es schien aus heiterem Himmel - an ein schmerzliches Ereignis meiner Kindheit erinnert, und ich fühlte erneut die körperlichen und seelischen Qualen jenes Ereignisses. Diese Erinnerung schien eine ganze Lawine von damit verbundenen Erinnerungen loszutreten. Im weiteren Verlaufe des Tages hatte ich das Gefühl, in einem Kino zu sitzen, das eine Retrospektive von »All die schrecklichen Zeiten in Sylvias Leben, als sie sich genau so fühlte« zeigte. Ich habe einmal gehört, dass der Psychologe Stanislav Grof den Geist als eine Schachtel voller Garnspulen von unterschiedlicher Farbe beschrieb, wie man sie in der Schublade seiner Nähmaschine aufbewahre. Neue Erfahrungen, erklärte er, werden auf die Spule, die die gleiche emotionale Ladung hat, »aufgewickelt« und lösen die Erinnerung an alte Erfahrungen aus. Ich habe solche Spulen von »peinlichen Erfahrungen«, »Ereignissen, die mich wütend machen«, »Zeiten, als ich mich verlassen fühlte«. Ich habe auch Spulen von Augenblicken der Epiphanie, »Zeiten, da ich das Gefühl hatte, ›Für diesen

Augenblick hat es sich zu leben gelohnt‹«, aber sie treten offenbar nicht so spontan auf wie die anderen. Die unangenehmen Spulen, die chronologische Aufzeichnungen von ähnlich schwierigen emotionalen Erfahrungen enthalten, scheinen nur allzu begierig zu sein, sich wieder abzuspulen.

Ich erinnere mich nicht mehr genau an die einzelnen unangenehmen Erinnerungen jenes lange vergangenen Klausurtages, aber ich erinnere mich, dass ich immer trauriger wurde, je weiter der Tag voranschritt, und dass ich mich aufgrund meiner Unfähigkeit, »mich zusammenzureißen«, zunehmend demoralisiert fühlte und immer weniger wusste, was ich als Nächstes tun sollte.

Ich beschloss zu duschen. Wahrscheinlich dachte ich, dass mein Geist sich ebenfalls besser fühlen würde, wenn ich meinen Körper erfrischte, und dass der Nebel der Schwermut, der mich zu umgeben schien, sich dann vielleicht auflösen würde. Ich machte mich also auf den Weg von der Meditationshalle zu der nahe gelegenen kleinen Hütte, die ich mit drei anderen Frauen teilte. In diesem Augenblick ertönte die Glocke, die den Nachmittagstee ankündigte. Mein Gemüt hielt lange genug in seiner Litanei von »Ich gehe jetzt zur Hütte. Ich werde duschen. Vielleicht geht es mir dann besser« inne, um den Gedanken »Ob es wohl Kekse zum Tee gibt?« aufkommen zu lassen.

Ich bemerkte diesen Gedanken. Es ist mir wichtig, Ihnen zu sagen, dass ich normalerweise keine Kekse esse. Ich habe mir nie viel aus Süßigkeiten gemacht. Der »Kekse zum Tee«-Gedanke löste also kein Verlangen in mir aus. Es war einfach nur ein Gedanke, ein Augenblick neutralen Interesses – manchmal gab es Kekse, manchmal nicht –, und mein Geist stellte sich lediglich diese Frage. Was mir aber besonders auffiel, war, dass es in dem Moment neutralen, wachen Fragens keine Traurigkeit gab. Ich war aufgeregt. Ich fühlte mich, als hätte mein Geist auf seiner Abwärtsreise plötzlich innegehalten wie ein Fahrstuhl, der unerwartet auf einer Etage anhält, deren Knopf man nicht gedrückt hat. Die Geschichte, die ich mir erzählt hatte, »Ich bin von undurchdringlicher Schwermut umgeben«, hatte sich zu »Die Wolken sind aufgerissen« gewandelt. Ich kehrte zum Essraum zurück.

Während ich meinen Tee – ohne Kekse – trank, fühlte ich eine neue Energie, die mir Auftrieb gab, und war zugleich amüsiert über die meteorologische Metapher, die mir in den Sinn gekommen war. Heute erkläre ich es den Menschen, indem ich den Vergleich mit dem Start eines Spaceshuttles in Cape Canaveral heranziehe, wo es sein kann, dass der Countdown achtzehn Sekunden vor dem Start plötzlich unterbrochen wird, weil sich der Himmel mit Wolken bezieht. Die Fernsehkommentatoren, die über den Flug berichten, erinnern die Zuschauer immer wieder: »Wir bleiben dran und warten auf ein Wolkenloch.« Wenn die Wolken dann wieder aufreißen, kann der Countdown fortgesetzt werden und der Start erfolgen.

Während ich mit meinem ramponierten Geist den Weg entlang trottete und nicht in der Lage war, über die traurigen Erinnerungen des Tages hinauszublicken, hat mir die Glocke in Verbindung mit dem Keks-Gedanken und des Gewahrseins von ihm den persönlichen Durchbruch durch die Wolken erlaubt. Wäre ich fähig gewesen, es in Worten auszudrücken, hätte ich wohl gesagt: »Ich hatte einen freien Augenblick, in dem ich erkannte, dass ich zu meinen alten Geschichten zurückkehren und wieder in ihnen umherspazieren konnte – oder auch nicht. In jenem Augenblick war ich in der Lage zu sagen: ›Ich stehe außerhalb von ihnen.‹«

Und hier ist noch eine wichtige Bemerkung, insbesondere wenn Sie gerade an ein Problem in Ihrem Leben denken, das von undurchdringlichen Wolken umgeben zu sein scheint. »Freie Augenblicke« in einem aufgebrachten Geist erscheinen mir als Momente der Gnade, in denen die Aufmerksamkeit durch eine unüberhörbare Ablenkung (zumindest für den Augenblick) von ihren Schwierigkeiten losgelöst wird, wenn wir genügend Aufmerksamkeit besitzen, um den Fluchtweg zu erkennen, und genügend Energie haben, um ihn einzuschlagen. Bei Problemen, denen sich der Geist nur widerwillig stellt, oder bei emotionalen Reaktionen, die so komplex oder tief verwurzelt sind, dass auch noch so viele »Ich stehe außerhalb von ihnen« nicht fruchten, ist sanfte, geduldige Aufmerksamkeit angebrachter als ein Bemühen mit der Brechstange des Willens. Das kommt als Nächstes, die weise Achtsamkeit.

# Dritter Teil

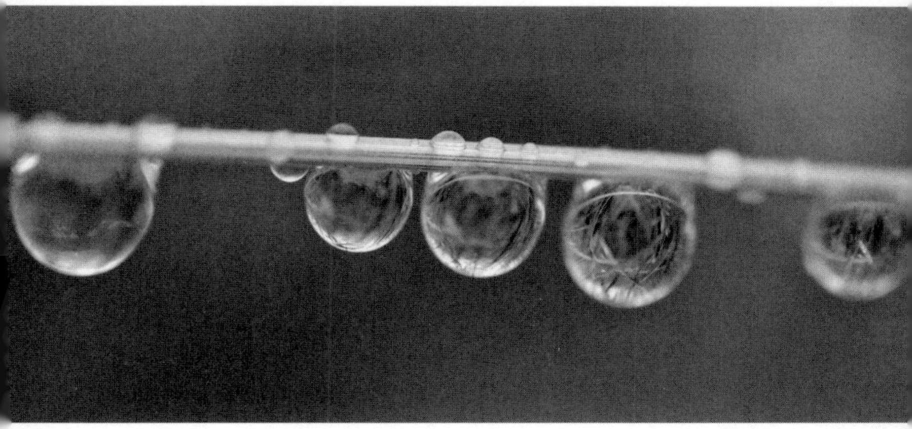

# Weise Achtsamkeit

# Den Geist aufräumen: Wie Achtsamkeit Weisheit kultiviert

Nyanaponika Thera (*Thera* bedeutet Mönch), ein in Deutschland geborener Jude, der nach Abschluss der Universität nach Sri Lanka reiste und schließlich ein berühmter buddhistischer Gelehrter, Lehrer und Schriftsteller wurde, beschreibt die Praxis der Achtsamkeit als »den Geist aufräumen«. Die Analogie, die er verwendet, um den Zustand des Geistes zu beschreiben, der auf seine zusammengewürfelten Hilfsmittel angewiesen ist, ist die eines unaufgeräumten Wohnzimmers. Das gefällt mir. Ich finde es lustig, dass ein alter Mönch in Sri Lanka, der der Welt entsagt hat und der nach Jahrzehnten der Praxis seine Einsichten formuliert, dabei eine Sprache wählt, die ihn wie eine europäische Hausfrau aus dem vorletzten Jahrhundert klingen lässt.

Ich stelle mir einen viktorianischen Salon mit Brokatpolstern und verzierten gedrechselten Stuhllehnen, Fransen an den Lampenschirmen, Bücherregalen an den Wänden und Nippes und Reiseandenken auf allen Beistelltischchen vor. Wäre alles darin bedacht platziert und angemessen organisiert, wäre der Raum zwar ziemlich vollgestopft, aber auch interessant und einladend. Gäbe es allerdings ein Durcheinander, dann könnte man kaum einen bequemen Platz zum Hinsetzen finden. Es wäre schwer, sich zu entspannen. Würden Sie nach etwas suchen, könnte es sein, dass Sie es nicht finden, weil es hinter etwas anderem verborgen ist.

Das Wohnzimmer meines Geistes ist kein entspannender Ort, wenn ich es nicht aufgeräumt halte. Es wird leicht von alten lästigen Geschichten überfüllt, wobei die wenigen peinlichen Geheimnisse, an die ich nicht erinnert werden mag, von Wandschirmen verdeckt sind, die mich nur das sehen lassen, was der periphere Blick meines Geistes für mich auswählt. Selbst wenn ich bewusst versuche wahrzunehmen, was um mich herum geschieht, weiß ich, dass mein Geist automatisch das Material auswählt, das er - ähnlich wie eine Zeitungsredaktion - berichten möchte, und bin mir bewusst, dass er die Daten verzerrt. Ich glaube, der Geist eines jeden Menschen funktioniert auf die gleiche Weise. Als Tipp, wie Sie Ihren Geist interpretieren können, gebe ich Ihnen hier ein Beispiel aus meinen Erfahrungen.

Eines späten Nachmittags waren mein Mann und ich auf dem Heimweg. Wir passierten eine vertraute Biegung auf der Landstraße, die zu unserem Haus führte. Ich nahm wahr, dass sowohl der Pkw als auch der Pick-up, die sonst gewöhnlich draußen vor dem Haus parkten, nicht da waren. Der Hund, der in diesem Haus lebte, lag in der Auffahrt, den Kopf auf die Pfoten gelegt. Auf dem grauen Asphalt der Straße sah ich etwas, das wie dunkle Bremsspuren aussah.

»Halt!«, sagte ich zu Seymour. »Der Hund ist von einem Auto angefahren worden und sein Herrchen ist nicht zu Hause. Er ist an der Pfote verletzt. Sieh nur, ist das nicht Blut da hinten? Die Flecken bei den Bremsspuren? Lass uns zurückfahren. Wir müssen den Tierschutzverein anrufen.«

»Dem Hund geht es gut«, sagte Seymour. »Der liegt einfach nur da. Er liegt immer dort.«

»Ja, aber normalerweise hebt er den Kopf.«

»Er döst. Was ist los mit dir?«

»Lass uns zurückfahren. Was, wenn er wirklich verwundet ist? Was, wenn er verblutet? Dann werden wir ihn auf dem Gewissen haben. Wende den Wagen.« Wir fuhren zurück. Der Hund stand auf, als wir in die Einfahrt einbogen, und wedelte mit dem Schwanz.

»Alles klar«, sagte ich, »ihm geht es gut. Jetzt lass uns schnell die Einfahrt räumen, bevor die Besitzer zurückkehren und uns hier vorfinden. Aber siehst du nicht die Bremsspuren hier?«

Es waren tatsächlich Bremsspuren. Auf dieser Straße gibt es viele Bremsspuren. Sie hat viele scharfe Kurven. Es war die Kombination von den Bremsspuren und dem liegenden Hund und den fehlenden Autos: Diese drei Fakten benutzte mein Geist – ein Geist, in dem vielleicht eine unaufgeräumte Geschichte herumliegt, die den Titel trägt »Jemand wird sterben und ich werde schuld daran sein« –, um daraus eine Realität zu konstruieren.

Ich weiß nicht, wie diese spezielle Geschichte in meinen Geist gekommen ist. Eine entsprechende echte Lebenserfahrung habe ich niemals gehabt. Ich könnte Hypothesen aufstellen – »Ich muss gedacht haben ...«, »Vielleicht habe ich mir ... vorgestellt«, »In einem früheren Leben ...« –, aber ich weiß es wirklich nicht. Ich weiß nur, dass mein Geist die Daten so sortiert, wie er sie zu sehen erwartet.

Und diese Geschichte ist nicht das einzige Stück an fest installierter Software in meinem Kopf. »Die Leute werden mich mögen« ist eine weitere Sichtweise, die meine Erfahrung prägt. Dass sie fest installiert ist, glaube ich, weil meine Eltern und Großeltern mich sehr geliebt haben, und obwohl ich mich mit Entwicklungspsychologie recht gut auskenne, ist diese Prämisse ein integraler Bestandteil des Funktionierens meines Gehirns. Auch »Ich liebe Mozart«, »Ich mag keinen Sellerie«, »Ich bin ein Morgenmensch«, »Ich lasse mich leicht erschrecken« und »Ich kann keine Melodien behalten« sind Bestandteile der Datenbank meines Geistes – mit wahrscheinlich Myriaden anderer Informationsbruchstücke, durch die hindurch hereinkommende Daten sich ihren Weg bahnen müssen, bis sie zu dem Ort in meinem

Gehirn gelangen, an dem die Entscheidung zu reagieren entsteht. Ich glaube, der Sortier- und Siebapparat meines Geistes ist für dieses Leben ziemlich unwiderruflich festgelegt. Doch wenn ich mir dessen bewusst bin und darauf achte, was er tut, wird er mich nicht ins Schleudern bringen. Ich werde in der Lage sein, gute - oder hinreichend gute - Entscheidungen zu treffen.

Und was immer das für eine Software sein mag, die mich dazu veranlasst, für einen liegenden Hund anzuhalten - ich bin froh, dass ich sie habe. Wer weiß? Vielleicht irre ich mich sogar, wenn ich sie als eine »Jemand wird sterben und es wird meine Schuld sein«-Geschichte (eine von Schuldgefühlen beeinflusste Formulierung) identifiziere. Vielleicht heißt sie ja auch: »Ich bin ein fürsorglicher Mensch und sogar die Andeutung von Leid erregt meine Aufmerksamkeit.« Natürlich gefällt mir dieser Titel besser. Wie dem auch sei, jedermann hat solche Geschichten, und diese spezielle bringt mein Leben nicht durcheinander. Auch wenn ich von Zeit zu Zeit nach einem vollkommen gesunden Hund sehe (oder nach einer Katze oder einem Menschen oder einem anderen Wesen, das aussieht, als benötige es Hilfe), ist die Freundlichkeit, die mich damals motiviert hat, anzuhalten und nachzuschauen (ganz zu schweigen von der Entdeckung, dass alles in Ordnung ist), für meinen Geist erhebend und ein mentales Erfrischungsmittel. Es fühlt sich einfach gut an.

Tatsächlich war ja die These dieses Buches von Anfang an, dass das Wiederherstellen einer fürsorglichen Verbundenheit (wenn sie gestört ist) und das Aufrechterhalten einer solchen Verbundenheit (wenn sie vorhanden ist) das Glücklichsein ist. Nicht etwa, dass sie zum Glücklichsein führt – sie *ist* Glück. Vor dem Hintergrund dieses Kernglaubens ist für mich Achtsamkeit für das Vorhandensein von fürsorglicher Verbundenheit (oder für deren Abwesenheit und die Absicht, sie wiederherzustellen) *das* Schlüsselelement der Praxis. Achtsamkeit für alles, für den physischen Körper und besonders für den Atem sowie für Gedanken oder Gefühle oder emotionale Reaktionen – die Objekte der Aufmerksamkeit, die der Buddha in seiner klassischen Unterweisung über *Die Grundlagen der Achtsamkeit* auflistet –, konditioniert den Geist, die Anwesenheit oder Abwesenheit fürsorglicher Verbundenheit und den Unterschied, den diese Verbundenheit ausmacht, zu bemerken. Ein Beispiel:

1986. An einem frühen Nachmittag in der Mitte eines zweiwöchigen Achtsamkeitsseminars an der Südküste der großen Insel von Hawaii ertönte die Glocke, die das Ende der Meditation ankündigte, bereits zehn Minuten nachdem die Sitzung begonnen hatte. Die Seminarmanagerin verkündete, sie sei von der Zivilschutzbehörde in Hilo benachrichtigt worden, dass ein Erdbeben vor der Küste Japans eine Flutwelle verursacht habe. Die Welle überquere den Ozean in unserer Richtung und werde uns in drei Stunden erreichen. »Wir haben hier siebzig Leute und nur ein Auto. Da in Hilo keine Busse verfügbar sind, die wir herbestellen könnten«, fuhr sie fort, »und wir hier nicht wegkommen, sagte mir die Zivilschutzbehörde, wir sollten uns auf erhöhtes Gelände begeben und Verpflegung mitnehmen, für den Fall, dass wir eine Weile unserem Schicksal überlassen sind.«

Wir wohnten in zweistöckigen Bungalows auf einem Strand, der von dichtem Dschungel umgeben war. Das Beste, was wir tun konnten, um »erhöhtes Gelände« aufzusuchen, war, in das obere Stockwerk zu gehen. Wir sammelten Streichhölzer, Schachteln mit Crackern, Kisten voller Obst, Mückenschutzmittel und Taschenlampen und brachten sie in den Raum im zweiten Stock des größten Bungalows, den wir als unseren gemeinsamen Meditationsraum benutzten. Für den Fall, dass die Wasserrohre brechen sollten, füllten wir die Badewanne mit frischem Wasser. Als wir unsere Vorbereitungen abgeschlossen hatten, nahmen wir unsere Sitzplätze ein. Die meisten von uns saßen mit dem Gesicht zu unserem Lehrer gewandt und blickten so durch ein Fenster, das über die ganze Breite des Raumes ging, hinaus auf den flachen Horizont des Meeres.

Der Lehrer, Joseph Goldstein, erzählte die Geschichte eines Zen-Meisters aus alten Zeiten, der gefragt wurde: »Was würdest du tun, wenn sich die Wasser des Nordens, des Südens, des Ostens und des Westens alle um dich herum erheben würden?« Der Zen-Meister, fuhr Joseph fort, soll gesagt haben: »Ich würde einfach sitzen.«

Dann sagte Joseph: »Lasst uns sitzen.«

Ich schloss die Augen und öffnete sie dann wieder, um den Horizont zu beobachten. Ich spürte mein Herz schlagen. Ich frage mich, wie ich mich in jener Situation wohl heute fühlen würde, mit den Bildern des jüngsten verheerenden Tsunami in Thailand im Sinn. Ich erinnere mich, dass ich zu jener Zeit bei der Vorstellung einer Wand aus Wasser, die sich auf uns zu bewegte, schreckliche Angst hatte. Ich schloss die Augen und bemerkte, dass der Raum ungewöhnlich still war. Ich holte Luft und spürte diesen Atemzug so deutlich, dass ich meine Aufmerksamkeit darauf lenken konnte.

Wohl aus Gewohnheit begann ich meine Erfahrung für mich zu benennen: Einatmen, Ausatmen. Ein. Aus. Es ist sehr still. Meine Hände sind kalt. Mein Herz klopft. Ich zittere. Ich hörte meinen Geist sagen: »Ich will nicht ertrinken« und auch »Nimm einen Atemzug, Sylvia. Und jetzt noch einen.« Ich spürte, wie mein Geist ruhiger wurde, als ich die Atemzüge benannte: »Ein. Aus. Ein. Aus.« Ich erinnere mich, dass ich überrascht war, dass meine Hände wärmer wurden und mein Herz nicht mehr so heftig schlug. »Vielleicht wird die Flutwelle kommen«, dachte ich, »vielleicht auch nicht. Ich weiß es nicht.«

Zu realisieren, dass ich es nicht wusste, schenkte mir einen Augenblick der Erleichterung.

Ich öffnete die Augen. Draußen war es windig und ich konnte sehen, wie die Palmen sich bogen. Mir fiel auf, dass ein Mann das Meer mit einem Fernglas beobachtete, und weiß noch, wie es mich berührt hat, mir vorzustellen, dass er dachte, es würde einen Unterschied machen, es von näher dran zu beobachten. Mein guter Freund James saß neben mir. Ich dachte an James' schwangere Frau Jane zu Hause in Berkeley und wünschte mir plötzlich ganz stark, dass wir alle überleben würden, damit James zu Hause sein konnte, wenn sein Kind geboren würde. James' Hände waren im Schoß gefaltet wie auch die meinen. Ich streckte meine Hand aus, tippte ihm sanft aufs Knie und gab ihm meine Hand. Er nahm sie und wir schlossen beide die Augen und saßen Hände haltend eine lange Zeit zusammen. Ich bemerkte meinen Freund Len, einen Geschäftsführer beim Radiosender KCBS in San Francisco, der am Ende des Raumes saß, und dachte: ›Wenn wir überleben, sollte Len als Erster das Telefon benutzen dürfen. Er könnte dem Radiosender mitteilen, dass wir alle wohlauf sind, und KCBS könnte die Nachricht im ganzen Land verbreiten, damit alle Verwandten, die sich um uns sorgen würden, beruhigt wären.‹

Die Flutwelle erreichte uns nicht. Sie lief südlich von Hawaii vorbei. Seit diesem Tag sind an die zwanzig Jahre vergangen und wenn ich mich an das Ereignis erinnere oder die Geschichte erzähle, fällt mir auf, dass ich nicht die Dramatik der Situation betone – »Kannst du dir das *vorstellen* ...? Schließlich haben wir alle überlebt. Was mich an der Erinnerung an diesen Tag und am Erzählen davon immer noch inspiriert, ist, wie meine Erfahrung sich verändert hat, als ich in der Lage war, meine Aufmerksamkeit von meiner persönlichen Angst auf das gemeinsame Los zu verlagern. Wir waren alle in Gefahr. Wir wollten alle leben. Wir hatten alle Familie oder Freunde, die uns liebten. Der Ausgang unserer Lage lag vollkommen außerhalb unserer Kontrolle. Und ich machte mir Sorgen. Natürlich machte ich mir Sorgen um mich und dachte an meine Familie und hoffte, sie würde mich nicht verlieren. Aber ich realisierte, dass es sich besser anfühlte – als sei eine Last von mir abgefallen –, wenn ich auch an die Familien der anderen Leute dachte. Vielleicht ist das der Schlüssel zum Glücklichsein, das dem fürsorglichen Verbundensein innewohnt. Das verängstigte »Ich«, das kämpft, wird durch das »Wir« ersetzt, das dieses schwierige Leben zusammen lebt, indem jeder auf den anderen achtet. Und sich an den Händen hält.

# Die Sichtweise korrigieren: Weise Achtsamkeit als Wirklichkeitsüberprüfung

Eine Definition von Achtsamkeit, die ich in einer französischen Übersetzung eines englischsprachigen Buches über Buddhismus fand, gefällt mir besonders. Der englische Ausdruck war »klar sehen« und die Übersetzung war »tiefer Durchblick, *vision profonde*«. Wenn ich das meinen Achtsamkeitsschülern erläutere, sage ich: »Wenn ich meine Brillengläser putze, kann ich zwar klar sehen, meine Sichtweise ist aber möglicherweise sehr oberflächlich.« Ich erkläre, dass Achtsamkeit für mich bedeutet, tiefen Durchblick zu haben, über den unmittelbaren Eindrucks dessen, was geschieht, hinaus zu sehen bis zu einer Ebene unterscheidenden Gewahrseins, die zu einer angemessenen Reaktion führt. Meine unmittelbaren Eindrücke sind oft begrenzt.

Ich erzähle Ihnen nun eine Geschichte, die ich von meinem Freund Jeff gehört habe, einem auf traditionelle Weise bekennenden Juden, der als Vermittler bei Streitigkeiten zwischen Unternehmen tätig ist und dessen Klienten häufig Firmen sind, die mit religiösen Angelegenheiten zu tun haben. Er erzählte die Geschichte in einem Meditationskurs, den ich gab, um einen Standpunkt, den ich gerade vertreten hatte, argumentativ zu untermauern. Ich hatte die Achtsamkeitsglocke erwähnt, die in manchen buddhistischen Gemeinschaften im Verlauf des Tages mehrfach zu unvorhersehbaren Zeiten geläutet wird. Jeder in der Gemeinschaft, ob er nun sitzt oder steht oder sonst wie beschäftigt ist, hält dann inne und bleibt für drei bis vier Minuten ruhig, bis die Glocke erneut geläutet wird. Dann nimmt jeder das wieder auf, was er gerade getan hatte. Es ist eine Zeit, um buchstäblich »zu Atem zu kommen«, mitten in der Aktivität eine Pause zu machen und die Aufmerksamkeit auf den Atem zu lenken, um sich zu vergegenwärtigen, ob der Geist klar und die Sicht unverblendet ist.

Jeff erzählte der Gruppe, er habe vor kurzem eine ähnliche Erfahrung gemacht bei dem Versuch, ein Übereinkommen zwischen zwei rivalisierenden Unternehmen zu verhandeln, von denen jedes meinte, das andere habe ihm Unrecht getan.

»Die Versammlung dauerte Tage«, sagte er, »und jede Seite bot ihre Rechtsanwälte und eine ungeheure Menge an Beweismaterial auf, um ihre Forderungen zu untermauern. Die Diskussionen waren oft sehr heftig. Die Gemüter erhitzten sich immer mehr. An jedem Nachmittag kündigte jemand zu einer bestimmten Zeit an: ›Es ist Zeit für *Davven Mincha*‹ (das Beten der Nachmittagsliturgie). Und alle unterbrachen die Verhandlungen, man wandte sich gen Osten und rezitierte gemeinsam mit den anderen. Dieses Gebet«, schloss Jeff, »dauert alles in allem keine zehn Minuten, und als wir zu den Verhandlungen zurückkehrten, lief alles viel besser.«

Als Jeff seine Geschichte erzählt hatte, dachte ich: ›Jeder hat eine Realitätsüberprüfung vorgenommen. Sie erinnerten sich daran, dass sie Gegner, aber keine Feinde waren.‹ Mir gefiel die Vorstellung, wie alle aufstanden und die Verhandelnden sich nicht mehr von zwei Seiten des Tisches aus miteinander konfrontiert sahen, sondern alle in dieselbe Richtung schauten. ›Sie konnten buchstäblich sehen‹, dachte ich, ›dass sie alle auf derselben Seite stehen, Leute mit den gleichen Idealen, die nur - im Augenblick - unterschiedliche Auffassungen haben.‹

Jeffs Geschichte von der nachmittäglichen »Gebetspause«, die Unterbrechung der Aktivitäten durch die Achtsamkeitsglocke, durch ein Yoga-*Āsana* oder einen Gang um den Block - das alles sind Bespiele für entspannende und besänftigende Gelegenheiten. Da wir mit diesen Dingen vertraut sind und sie keine Anstrengung erfordern außer Aufmerksamkeit, sind sie geeignet, einem angespannten, verwirrten, müden, ängstlichen Geist die Möglichkeit zu geben, dass er sich entspannt und neu ordnet. Ein Bild, das mir in den Sinn kommt, ist das von Football-Spielern, die eine Auszeit nehmen, wenn sie in

Torweite im Besitz des Balls sind, zwei Punkte im Rückstand sind und noch zehn Sekunden zu spielen haben. Ich weiß nicht, was der Quarterback sagt, wenn sie dann alle die Köpfe zusammenstecken - vielleicht macht er den Vorschlag, ein Field-Goal zu versuchen -, aber ich stelle mir gern vor, dass er sagt: »Atmet durch. Beruhigt euch, erinnert euch daran, dass ihr wisst, wie es geht.« Ich bin sogar so optimistisch anzunehmen, dass manche Quarterbacks vielleicht sagen: »Es ist nur ein Spiel. Verletzt niemanden.«

Achtsam zu leben heißt nicht, langsam zu sein. Und auch für eine Realitätsüberprüfung innezuhalten kann eine Sache von Sekunden sein, etwas, das sonst niemand wahrnimmt. Die Schlüsselfrage, die ich mir selbst stelle, wenn ich realisiere, dass mein Geist in Aufruhr ist - unfähig, eine fürsorgliche Verbindung zu mir, einem Mitmenschen oder etwas anderem herzustellen -, lautet: »Was ist wirklich los? Wie sieht das größere Bild aus?« Ich bin von den neuen technischen Möglichkeiten beim Fernsehen fasziniert: Mit einem Klick auf die Fernbedienung kann einer das Army-Navy-Spiel in einem kleinen Kasten links unten auf dem Bildschirm sehen, während gleichzeitig das Notre-Dame-USC-Spiel auf dem restlichen Bildschirm weitergeht. Ich erkenne, dass mein Geist so ziemlich auf die gleiche Weise funktioniert. Die Geschichte der sich entfaltenden Welt findet auf meinem großen Bildschirm statt und »Mein Leben« wird in meinem kleinen Kasten gezeigt. Wenn mein Kleiner-Kasten-Schauspiel intensiv wird – mit Schmerz oder sogar mit unerwarteter Freude –, bläht es sich auf und füllt den ganzen Bildschirm aus. Ich vergesse dann die ganze restliche Welt. Das passiert ständig. Es ist ganz normal und natürlich.

Nur wenn mein Blick auf den kleinen Kasten fixiert ist, leide ich. Wenn ich nicht über meine persönliche Geschichte hinaussehen kann, habe ich keine Möglichkeit, sie im Zusammenhang zu erkennen: Dies ist *ein* Ereignis in einem Leben voller Ereignisse. Es ist, was es ist, aber es ist zeitlich begrenzt. Der Schmerz ist schrecklich, aber er wird vergehen. Ich kann ihn ertragen. Oder: Diese Freude ist unglaublich, aber sie wird vergehen. Lasst sie uns jetzt genießen!

Ich wäre auch nicht in der Lage, meine Geschichte im Kontext als eine von ungefähr sechs Milliarden menschlicher Geschichten zu sehen, die alle gleichzeitig Bestandteil des großen Epos mit dem Titel »Leben auf Erden« sind. Ich bin sicher, hätte ich eine Sichtweise aus der Perspektive Gottes und nicht aus der Ich-Perspektive, wäre ich nur erstaunt: Massen kommen und gehen, werden geboren und sterben, essen und schlafen und spielen und singen und streiten und kämpfen und töten und verhandeln einen Waffenstillstand immer und immer wieder. Und die Erde selbst grünt und stirbt und grünt und stirbt ohne Ende nach einem festen Zeitenplan.

Wann immer meine Ich-Empfindung im Wir-Bewusstsein aufgeht, gibt es niemanden mehr, der leidet. Es gibt kein »Ich«, das etwas braucht. Die Worte, die mir in den Sinn kommen, sind: »Meine Schale fließt über.« Und nichts muss zurückgewiesen werden: »Es ist so, wie es ist. Ich bin Schauspieler in diesem riesigen kosmischen Kinofilm, nicht der Regisseur.« Das ist eine begnadete Veränderung der Perspektive, eine enorme persönliche Erleichterung, und sie ist so nah wie der Atem des nächsten Augenblicks.

Versuchen Sie es jetzt einmal. Lassen Sie Ihre Augen offen, ja Sie können sogar diese Anweisungen weiterlesen, aber lassen Sie Ihre Aufmerksamkeit bei den Empfindungen des in Ihren Körper ein- und aus ihm ausströmenden Atems – besonders um den Brustkorb herum –, verweilen. Sie werden das Gefühl des Streckens und Ausdehnens in Ihren Muskeln spüren, vielleicht sogar, wie die Arme beim Einatmen ein wenig angehoben werden. Sie werden spüren, wie der Brustkorb, die Muskeln und die Arme sich bei der Ausatmung wieder senken. Gleich, wenn Sie die Anweisungen zu Ende gelesen haben, werden Sie, hoffe ich, Ihre Augen schließen und Ihre Aufmerksamkeit weiterhin bei den Empfindungen des Atems verweilen lassen. Sie werden beobachten, wie das Atmen von ganz allein geschieht. Es gibt niemanden, der allein atmet. Atmen geschieht in diesem Körper und in jedem anderen lebenden Wesen, wobei alle Wesen im wahrsten Sinne des Wortes einen gigantischen Atem teilen. Der Atem eines Tierkörpers produziert Kohlendioxyd, das ein in der Nähe stehender Baum oder ein Farn oder Gras einatmet und als Sauerstoff ausatmet, so dass ein anderes Tier ihn einatmen kann. Nichts lebt für sich allein.

# Es ist leicht, verblendet zu werden: Wie Achtsamkeit Klarheit schafft

Es ist unglaublich leicht, in Verblendung zu verfallen. Der Geist wird überwältigt - von einer Herausforderung oder von seiner impulsiven Reaktion auf eine Herausforderung - und wird verblendet. Er missversteht das Geschehen und macht sich selbst Angst. Eigentlich radiert Achtsamkeit nicht die Verblendung aus. Es ist vielmehr so, dass sie sie zur Kenntnis nimmt und die Angst davor auflöst oder zumindest reduziert. In dem Maße, in dem die Angst nachlässt, werden die irrigen Wahrnehmungen korrigiert. Und Gelegenheiten zur Korrektur - die auch Gelegenheiten sind, Verbundenheit herzustellen - gibt es immer.

Noch eine Geschichte:

Ich reiste eines Morgens in dem Metroliner Expresszug zwischen Washington D. C. und New York City, und obwohl es früh am Tage war und ich mehrere Zeitungen gekauft hatte, die ich lesen wollte, spürte ich nach kurzer Zeit, wie eine Welle der Erschöpfung mich überrollte. Wahrscheinlich war ich einfach nur müde - ich war viel gereist und hatte jeden zweiten Tag in einer neuen Stadt gelehrt –, aber mein Geist sponn daraus, wie er es oft tut, eine Geschichte. »Du bist zu alt für so etwas. Sieh dir nur all diese kraftvollen jungen Leute in diesem Zug an, die auf ihren Computern herumklicken. Die freuen sich auf ihre heutige Arbeit. Sie machen sich keine Sorgen darüber, zu müde zu sein. Sie machen sich keine Sorgen um die Welt. Sie denken nicht so wie ich: ›Welchen Sinn soll es haben, irgendetwas zu tun, bei solchen schrecklichen Nachrichten?‹«

Ich wandte mich der Frau auf dem Nebensitz zu. Ich hatte sie beim Antritt unserer Reise gemustert. Etwa Anfang Dreißig. Schickes rotes Kostüm. Sehr guter Haarschnitt. Gut aufgetragenes Make-up. Ein eleganter Aktenkoffer, der unter dem Vordersitz verstaut war. Und sie las die *Vogue*.

»Entschuldigen Sie«, sagte ich. »Ich bin sehr müde und brauche etwas Schlaf. Ich muss aber zwanzig Minuten vor der Station Penn wieder wach sein. Würden Sie mich bitte aufwecken?«

»Ja, natürlich«, antwortete sie und lehnte sich besorgt zu mir herüber. »Ist alles in Ordnung?«

»Ja«, sagte ich. »Bei mir ist alles in Ordnung. Und bei Ihnen?«

»Nein«, sagte sie. »Mir geht es nicht gut.«

Ich spürte, wie mich neue Energie mit einem Ruck durchfuhr, so dass mein Körper sich wieder straffte und sich aufsetzte und mein Geist von seiner Vernebelung befreit wurde.

»Möchten Sie darüber sprechen?«

»Ja, das würde ich gern«, antwortete sie. »Ich habe die Zeitung, die Sie gerade in der Hand hatten, vor der Abfahrt zu Hause gelesen. In Washington leben Sie mitten in der Politik und Sie glauben niemandem mehr. Ich habe zwei kleine Kinder. Ich weiß nicht, wie sie in dieser Welt aufwachsen sollen.«

Wir sprachen über Politik und Ideologien und wie ihre Familie ihre politischen Ansichten beeinflusst hat und meine die meinen. Dann sprachen wir darüber, wo wir aufgewachsen waren und woher unsere Eltern und Großeltern stammten. Jeder von uns hat seine Geschichte.

»Ich mache mir auch Sorgen über das Treffen, das mir heute in New York bevorsteht«, fuhr sie fort. Sie erklärte, dass sie zwar in Washington lebe und arbeite, dass sich das Haupthaus des Unternehmens, für das sie arbeite, aber in New York befände. Und sie habe das Gefühl, es hinge von ihrer heutigen Präsentation ab, ob sie ihren Job behalten würde. Während sie erläuterte, was sie beruflich tat, und ich zuhörte, hörte ich eine parallele Stimme in mir sagen: »Siehst du, wie du die Daten allesamt falsch zusammensetzt hast, Sylvia. Du hast das Kostüm und den Aktenkoffer und ihr Alter zusammengerechnet und daraus geschlossen, sie sei naiv und den wichtigen Belangen der Welt gegenüber gleichgültig. Du hast das auch von den anderen dynamisch aussehenden jungen Leuten in diesem Zug angenommen. Du meintest, nur du allein dächtest an die Qualen der Welt. Das ist umgekehrte Altersdiskriminierung! Wie kommst du nur auf so eine Idee?«

Ich konnte meinem Innern und der jungen Frau gleichzeitig zuhören, weil ich wach war und mich wohl fühlte. Ich war wach, weil mein Geist, der zuvor durch den Nebel der Erschöpfung und durch die deprimierende Geschichte, die ich mir selbst erzählt hatte, getrübt gewesen war, durch jemanden, der sagte »Nein, mir geht es gar nicht gut«, davor bewahrt wurde, weiter in den Keller zu fahren. Es war, als sei mein Geist dadurch, dass diese Frau ihre Not zur Sprache brachte, wie durch eine Achtsamkeitsglocke aufgeschreckt worden. Meine selbstbezogene Geschichte wurde unterbrochen und ich vermochte eine Verbindung zu der Frau herzustellen. Natürlich wünschte ich ihr von ganzem Herzen, dass sich in ihrem Leben alles zum Besten wenden würde, aber ich glaube, der Hauptgrund für mein Glücklichsein war das Begreifen: »Mein Herz ist lebendig! Ich sorge mich! Und ich bin niemals – nicht einmal in meinen mutlosesten Augenblicken – wirklich allein.«

Als ich an der Penn Station ausstieg, realisierte ich plötzlich, dass wir nicht einmal unsere Namen genannt hatten. Es spielte keine Rolle. Ich dachte, dass jeder seine Familie, seine Arbeit und die ganze Welt ständig mit sich herumschleppt und dass die Frage »Ist alles in Ordnung mit dir?« eine Art Rettungsleine ist, die man jemandem zuwirft. Außerdem bemerkte ich, dass ich aus dem *Messias* vor mich hin sang: »*I know that my redeemer liveth* ...« (Ich weiß, dass mein Erlöser lebt). Es war Weihnachtszeit und vielleicht hatte ich die Melodie kurz zuvor irgendwo gehört. Da kam mir in den Sinn: »Mein Erlöser ist *immer* der Mensch neben mir.«

# Und es ist besonders leicht, wütend zu werden: Wie Achtsamkeit Abneigung vertreibt

Wenn wir beobachten, dass unser Geist unsere Erfahrungen mit seinem Kommentar von »Ich mag das« oder »Ich mag das nicht« begleitet, können wir feststellen, dass unerwünschte Erfahrungen, die »Ich mag das nicht«-Erfahrungen, häufig das verursachen, was in traditionellen Texten Abneigung genannt wird - den Impuls des Geistes, sich von einer unangenehmen Situation zu distanzieren. Die unangeneme Situation ist schmerzlich, der Impuls sich zu distanzieren ist schmerzlich und nicht verbunden zu sein - bei dem, was gerade geschieht, nicht in einer herzlichen Beziehung zu sein - ist ebenfalls schmerzlich. Und dennoch ist es leicht, wütend zu werden.

Ich bin ein eher sanftmütiges Wesen, aber auch wenn ich es nicht zeige, werde ich ärgerlich, wenn ich etwas will und es nicht bekomme. Ich ärgere mich über mich selbst, wenn ich etwas nicht so gut mache, wie ich gehofft hatte. Ich werde ärgerlich auf meinen Geist für seine periodischen Fugen der Sorge, auch wenn ich sie als Gewohnheiten erkenne, an denen ich keine Schuld trage.

Ich habe kürzlich sogar beobachtet, wie mein Geist sich aufregte, weil ein Eichhörnchen sich an dem Vogelhäuschen bediente, das ich aufgestellt hatte. Ich hätte liebend gern auch Futter für Eichhörnchen gestreut, aber ich hatte nun einmal Vögel erwartet. Du erwartest das eine und ...

Ich war unter den sechstausend Menschen, die im Auditorium maximum der University of California in Irvine einem Vortrag des Dalai Lama lauschten - einen Tag nach Bekanntgabe, dass er den Friedensnobelpreis erhalten würde. Jemand fragte den Dalai Lama: »Werden Sie jemals wütend?«

»Natürlich«, antwortete er und schien die Frage komisch zu finden, denn er lachte sein inzwischen auf der ganzen Welt bekanntes glucksendes »Hä-hä-hä-hä«. Dann sagte er: »Etwas geschieht. Es ist nicht das, was Sie erwartet haben. Wut steigt auf. Aber, wissen Sie, das muss kein Problem sein. Hä-hä-hä-hä.«

Ich glaube, dieses »nicht das, was Sie erwartet haben« ist der Schreckfaktor, der den Geist aus dem Gleichgewicht bringt - der ihn voll erwischt, so dass er verwirrt wird, in Verblendung verfällt, dann Angst bekommt und schließlich wütend wird. Würde etwas eintreten, das die erste Verwirrung beseitigt, gäbe es kein Problem.

Hier eine Geschichte über Aufschrecken und Wut - wieder aus meinen Erfahrungen, aber ich hoffe, Ihnen werden beim Lesen Geschichten aus Ihrem eigenen Leben einfallen, die dazu passen. Ich weiß noch, wie ich mich mitten im Verlauf der beschriebenen Ereignisse daran erinnerte, dass der Dalai Lama gesagt hatte: »Dinge geschehen. Es ist nicht das, was Sie erwartet haben. Wut steigt auf.«

Ich war sehr glücklich und stolz, dass man mich gebeten hatte, bei der Planung der kontemplativen Etage – Meditationsraum und anliegender stiller Bibliotheksraum – im Gebäude eines neuen Gemeindezentrums der Jüdischen Gemeinde in New York City mitzuarbeiten. Dass man zusätzlichen Raum für die Meditation mit einplanen wollte, war im Jahr 2000 für ein traditionell angelegtes Gemeindezentrum noch etwas Außergewöhnliches, und alle, die an diesem Projekt beteiligt waren, waren ganz aufgeregt. Die Eröffnungsveranstaltung des Meditationsraums war eine eintägige Meditationsklausur für Rabbis, die ich zusammen mit meiner Freundin Sheila Weinberg leitete.

Während der Morgensitzung wechselten wir ab zwischen Zeiten der Unterweisung, Zeiten stiller Sitzmeditation und der Meditation im Gehen, bei der die Gruppe in einem Kreis im Raum herumging. Sheila und ich gaben Anweisungen und die Leute stellten Fragen und wir beantworteten sie. Ich war erfreut zu sehen, dass die gesamte Stimmung immer lockerer wurde, während die Teilnehmer ihrer Erfahrung von Augenblick zu Augenblick immer mehr Aufmerksamkeit schenkten. Als die Zeit des Mittagessens gekommen war, schien mir die Atmosphäre im Raum spürbar entspannter zu sein und ich war glücklich darüber. Wir gaben Anleitungen zur Essens-Meditation - im Grunde »Achte auf die Empfindungen beim Essen zusammen mit allen Gedanken und Erfahrungen, die bei dieser Gelegenheit auftreten« - und begaben uns in die Bibliothek nach nebenan, wo ein Mittagsbüffet aufgebaut war. Die Leute stellten sich still in der Schlange an und setzten sich an die Bibliothekstische, um zu essen. Die meisten Leute wählten Sitze, die zum Fenster wiesen, damit sie dem Regen zusehen konnten. Auch ich machte es so.

Dann hörte ich Stimmen von der anderen Seite der Wand, die die Bibliothek und den Meditationsraum vom restlichen Teil des siebenten Stockwerks trennten:

»Drei Herzen schlagen drei Karos.«

Ich dachte, ich hätte nicht richtig gehört.

»Na klar doch. Drei Herzen schlagen drei Karos. Jeder weiß das.«

»Was zum Teufel ist *das*?«, hörte ich meinen Geist protestieren. »Hier soll ein kontemplativer Bereich sein. Dies ist die Meditationsetage.« Ich bemerkte, dass der Architekt an den Rändern jeder Wand Lücken zwischen den einzelnen Räumen gelassen hatten. »Was haben die sich dabei nur gedacht? Niemand sollte irgendetwas hören, schon gar nicht Gespräche beim Kartenspielen.«

Ich ging an das Ende der Trennwand und schaute durch die Lücke. Alte Männer und Frauen spielten im Nebenraum Karten. Als ich mich wieder umdrehte, bemerkte ich, dass alle anderen Leute im Raum dem Regen zuzuschauen und ihr Mittagessen zu genießen schienen. Ich wollte gerade zu essen beginnen, als ich das Geräusch von schlurfenden Schritten hinter mir hörte. Ich drehte mich um und sah, wie mehrere ältere Leute – zweifellos die Kartenspieler – sich am Büffet mit Essen bedienten.

Mein Geist dachte: »Jetzt reicht's aber! Das ist unser Essen!« Ich schaute mich nach der Veranstaltungsleiterin des Zentrums, die an der Klausur teilnahm, um und hoffte, dass sie die Situation klären würde.

Ich brauchte mehrere Sekunden, um sie ausfindig zu machen, und in dieser Zeit – wer weiß, vielleicht lag es am gleichmäßigen Klang des Regens, der an die Scheiben trommelte, oder am Anblick von so vielen Freunden und Kollegen, die zufrieden aßen – überlegte ich es mir anders. Beziehungsweise mein Geist tat es. Die Empörung, von der er zuvor erfüllt war – »unsere Stille«, »unser Essen« – verschwand. Wenn ich heute an diesen Augenblick denke, glaube ich, es war das Vergnügen, das ich verspürte, zu sehen, dass es all den vielen Menschen, die ich liebte, gut ging, das meinen angeschlagenen Geist besänftigte und seine Weisheit die Führung übernehmen ließ.

Es gab in dieser Situation zwei Weisheiten: die situative und die ewige Weisheit. Die situative Weisheit lautete: Dies sind ältere Menschen, die in der Umgebung wohnen und die sonst bei diesem Wetter drinnen hocken und sich nach Gesellschaft sehnen würden. Hier können sie sich treffen und spielen und den Tag fröhlich verbringen. Natürlich möchte ich, dass sie hier sind. Und es gibt reichlich zu essen. Wir hatten ja bereits alle unsere Portion genommen. Wenn jemand mir gesagt hätte, unten auf der Amsterdam Avenue gäbe es Obdachlose, die dieses Essen bräuchten, hätte ich es sicherlich selber hinuntergetragen. Warum sollte man es also nicht mit diesen Bridge-Spielern teilen?

Ja, warum eigentlich nicht? Ich glaube, mein Geist war wohl ziemlich besitzergreifend hinsichtlich des »Raumes, den ich geplant hatte, und des Veranstaltungsplans, den ich entworfen hatte«, und kam vorschnell zu der Schlussfolgerung, die »Störung« durch die Geräusche von nebenan würde den entspannten Geisteszustand, den wir gemeinsam kultiviert hatten, zunichte machen, so dass das gute Gefühl, von dem die Leute am Ende des Tages, wie ich hoffte, berichten würden, sich nicht einstellen konnte. »Mein« Tag lief nicht so, wie ich es geplant hatte. Ich vermute, mein Ego hatte in der Hoffnung auf persönliche Belohnung in einem Anfall von Wahnsinn gedacht, es würde alles nach Plan laufen. Ich bin nicht einmal sicher, ob es die Erkenntnis war, dass mein Ego involviert war, die meinen Geist besänftigte und zur Klarheit zurückbrachte. Vielleicht war es einfach der Anblick meiner Freunde, die glücklich aussahen, der mein Ego sicher sein ließ, dass es seine Belohnung schon bekommen würde. Vielleicht war es beides.

Und jetzt kommt die ewige Weisheit: Es gibt immer Herausforderungen. Man plant eine Sache und etwas anderes passiert. Die lange Sicht - ist dies eine wünschenswerte oder nicht wünschenswerte Sache? - ist selten sofort ersichtlich. Unmittelbare emotionale Reaktionen sind nun einmal so. Es ist immer gut, sie zur Kenntnis zu nehmen und zu reflektieren. Und die Ursache für Leiden ist - immer - das Ankämpfen gegen die Herausforderung, statt mit vernünftigem Urteilsvermögen und Freundlichkeit auf sie zu reagieren.

# Noch einmal mit Gefühl: Den Geist von Geheimnissen befreien

Ich möchte noch einmal auf eine Bemerkung zurückkommen, die ich vorhin schon gemacht habe: Es ist schwer, sich während einer Klausur vor seinen Gedanken zu verstecken, und genauso schwer ist es im Leben. Dieser Gedanke hilft mir, Achtsamkeit als einen Prozess zu beschreiben, den Geist von seinen Geheimnissen zu befreien, den Dingen, die er zu verbergen sucht, weil er vor ihnen Angst hat oder es ihm peinlich ist, sich ihnen zu stellen. Im Gegensatz zu den spontanen verwirrenden Reaktionen auf Herausforderungen, die wir alle kennen – jene, die als Reaktion auf Schrecksituationen auftauchen und wieder vergehen –, hat jeder von uns, glaube ich, ein ganz eigenes Sortiment von die Sicht verzerrenden Skripten, die in unser Gehirn eingeschliffen sind und deren wir uns nicht bewusst sind, so dass sie eine ständige Quelle der Verblendung darstellen. Wenn mein Geist einmal entspannt genug war, um Fragmente vergangener Erfahrungen, die meine Psyche bisher vor mir verborgen hielt, für eine zeitgemäßere Betrachtung in mein Bewusstsein einzulassen, so hat mir das immer gut getan.

Doch ich möchte hinzufügen: Nicht jedes vergangene Trauma muss wieder aktiviert und durchlebt werden. (Puh, welche Erleichterung! Angesichts der Unmenge fürchterlicher Augenblicke, die es in jedem Leben gibt, würden wir damit niemals fertig werden.) Ich bin froh, dass ich das, was mein Geist geschluckt hat und für sich behält, nicht bemerke. Dennoch ist meine Bereitschaft sehr groß, solche Gewohnheiten meines Geistes aufzudecken, die verborgen zu halten mich Energie kostet. Ich denke dabei nicht in Begriffen einer »Heilung« des Geistes - ich ziehe es vor zu denken, dass seine Gewohnheiten einfach nur Gewohnheiten sind und keine Krankheiten -, aber ich möchte wissen, was da vorhanden ist, damit ich meine gegenwärtigen Erfahrungen nicht falsch interpretiere, weil ich sie durch eine Linse anschaue, derer ich mir gar nicht bewusst bin.

Erinnern Sie sich an meine Sorgen hinsichtlich des Hundes, der in der Auffahrt lag? Ich vermute, dass meine Gewohnheit, innezuhalten um zu prüfen, »ob alles in Ordnung ist«, vielerlei Ursachen hat. Ich stelle mir vor, dass es zumindest teilweise an meiner natürlichen Gutherzigkeit liegt. Außerdem, glaube ich, ist es ein Ausdruck meiner allgemeinen Neigung, mir Sorgen zu machen, die ich schon seit meiner Geburt zu haben scheine. Es ist vermutlich auch eine gewohnheitsmäßige Ängstlichkeit aus den Jahren der Sorge um die schwache Gesundheit meiner Mutter während meiner Kindheit. Oder es ist etwas anderes, das ich noch nicht entdeckt habe. Oder alles zusammen. Die Ätiologie meiner Gewohnheit ist mir nicht annähernd so wichtig wie die Tatsache, dass ich sie zu erkennen vermag. Sie ist nicht verborgen. Ich kann mit ihr oder um sie herum arbeiten. Sie stellt - normalerweise - kein Problem dar. Die Geheimnisse meiner Psyche, die ich vor mir verberge - jeder hat solche Geheimnisse, die er vor sich verbirgt -, werden erst problematisch, wenn sie auf unterschwellige Weise darüber bestimmen, wie wir über uns und andere Leute denken und wie wir uns verhalten.

Wenn Nyanaponika Thera den Ausdruck »den Geist aufräumen« verwendet, denke ich, meint er damit auch das Hervorkehren unserer Geheimnisse unter den Teppichen und ihre Untersuchung im Lichte laufender entspannter Reflexion.

Hier eine Geschichte dazu:

Meine Freundin Elaine (die mir erlaubt hat, davon zu erzählen, wenn ich ihren Namen ändere) ist in ihren späten Fünfzigern, meditiert schon seit Langem und nimmt sich jedes Jahr eine mehrwöchige Auszeit von ihrem Familien- und Berufsleben, um an einer Meditationsklausur teilzunehmen. Sie erzählte mir am letzten Abend einer zehntägigen Einkehr, dass sie am selben Morgen, als sie sich der Glastür der Hauptmeditationshalle im Spirit

Rock Center näherte, ihren Geist habe sagen hören: »Ich habe doch gar keine O-Beine!«

Als Elaine mir von diesem Augenblick berichtete, sagte sie, sie sei überrascht gewesen. Sie erinnerte sich, dass ihre Mutter ihr vor zirka vierzig Jahren einmal gesagt hatte, sie habe O-Beine, aber sie sagte mir auch, sie hätte schon sehr lange Zeit nicht mehr daran gedacht.

»Dann«, fuhr sie fort, »nachdem ich mich zur Meditation hingesetzt hatte, spulte mein Geist etwas ab, das sich anhörte wie ein langes Tonband von anderen kritischen Bemerkungen, die meine Mutter während meiner Kindheit und Teenager-Zeit über meine äußere Erscheinung gemacht hatte. Als das alles auf einmal zusammenkam, empfand ich es wie einen Schlag ins Gesicht nach dem anderen. Ich frage mich«, fügte Elaine hinzu, »ob dies genau der Schmerz war, den ich damals angesichts dieser Beleidigungen verspürt habe, der irgendwie in meinem Hirn zusammen mit anderen Erinnerungen gespeichert wurde. Das Schlimmste war jedoch«, schloss sie, »zu realisieren, wie schwer mein Geist daran gearbeitet hat, all dies so lange Zeit vor mir zu verbergen ... das ist wirklich traurig!«

Elaine erzählte mir, sie habe während des ganzen Tages immer wieder mal geheult, jedes Mal, wenn die Erinnerungen wieder hochkamen, und manchmal, wenn neue Erinnerungen hinzutraten. Sie habe auch viel darüber nachgedacht – wenn ihr Geist sich zwischen den Heulanfällen einmal entspannte –, dass die Ansichten ihrer Mutter, die insgeheim in ihren Erinnerungen versteckt waren, es ihr niemals erlaubt hätten – ungeachtet aller Spiegel, Komplimente und konventionellen Standards –, sich selbst als attraktiv anzusehen. »Ich bin eine gutaussehende Frau«, sagte sie und lachte plötzlich über ihre kecke Enthüllung, »und meine Mutter hat es nicht gesehen. Wahrscheinlich hat sie sich selbst auch nicht richtig gesehen«, fügte Elaine hinzu, »so dass ich es ihr nicht einmal übel nehmen kann.«

Dies wäre eine erstaunliche Geschichte, wenn sie mit der guten Nachricht enden würde, dass das negative Selbstbild nach dieser enthüllenden Erfahrung niemals wieder in Elaines Geist auftrat. Doch der Geist funktioniert nicht auf diese Weise. Der neuronalen Struktur unseres Gehirns eingeprägte Ansichten brauchen lange, um ausgemerzt zu werden. Vielleicht lassen sie sich auch niemals ganz eliminieren. Dennoch ist es eine großartige Geschichte. Elaine erzählt mir, dass sie jetzt, da ihre Aufmerksamkeit darauf geeicht sei, herabsetzende Bemerkungen, die ihr eigener Geist über ihr Aussehen macht, als Echos der Stimme ihrer Mutter von vor so vielen Jahren erkennen und links liegen lassen könne. »Ich fühle mich ein wenig betroffen«, sagte sie, »wenn ich sie höre. Ich denke daran, wie schwer mein Geist daran gearbeitet hat, sich nicht mit etwas konfrontieren zu müssen, was er als schmerzliche Erinnerung empfand. Dennoch bin ich beeindruckt«, fuhr sie fort, »wie geduldig er gewartet hat, bis er meinte, ich könnte damit umgehen, bis ein stiller Augenblick gekommen war, in dem ich mich erinnern und feststellen konnte, dass ich überhaupt keine O-Beine habe.«

Elaines Geschichte ist natürlich für sie einzigartig, aber die allgemeine Erfahrung, dass plötzlich Teile der verborgenen persönlichen Geschichte auftauchen können, ohne dass wir sie uns ausdrücklich ins Gedächtnis gerufen haben, ist nicht einmalig. Jede Geschichte hat ihre eigenen Besonderheiten, aber das Element »Dies war etwas, womit ich mich früher nicht hätte auseinandersetzen können, aber jetzt kann ich es« bildet ein gemeinsames Thema. Manche Menschen, so wie Elaine, berichten von einer größeren Veränderung in einem kurzen Zeitraum. Eine andere meiner Freundinnen, eine Kollegin, erzählte mir, wie sie mit Mitte Dreißig während einer Periode intensiver Meditation mit der tiefen Traurigkeit ihrer Kindheit in Berührung gekommen ist: »Ich habe neun Monate lang geweint. Dann fühlte ich mich besser.« Es sieht so aus, als käme der Seelenfrieden in seiner ihm eigenen Zeit.

Und jeder schafft es so gut er oder sie kann, das zu verbergen, was versteckt werden muss. Ich habe großen Respekt vor der Fähigkeit des Geistes, etwas zu »vergessen«, wovon er glaubt, er könne es nicht ertragen, sich damit zu konfrontieren, und bin mir keineswegs sicher, dass das Leben dadurch emotional wesentlich eingeschränkt wird. Die Eltern meiner Mutter beschlossen, ihre sechsjährige Tochter, die an einer rheumatischen Herzkrankheit gestorben war, nie wieder zu erwähnen. Ich wusste bis zu meinem sechzigsten Lebensjahr nichts von diesem Kind und erfuhr dann auch nur dadurch von dem Mädchen, dass ich einem seltsamen Hinweis nachging, den ich Jahre zuvor von meiner Mutter bekommen hatte. Als ich meine Tante Miriam, die inzwischen die einzige noch lebende ältere Verwandte war, fragte, warum niemand – nicht einmal mein Großvater, der Vater des Kindes, den ich gefragt hatte, als er schon sehr alt war – mir etwas davon gesagt hätte, antwortete sie: »Sie haben es vergessen.«

Und als ich protestierte: »Du vergisst kein Kind, das gestorben ist!«, hielt sie mir entgegen: »Du vergisst es, wenn du glaubst, dass du die Erinnerung nicht ertragen kannst.«

Ich habe früher immer gesagt – was ich heute nicht mehr tun würde –, dass Achtsamkeitspraxis einem Menschen die Chance gibt zu entdecken, dass wir etwas, was uns unerträglich erscheint, doch ertragen können. Ich weiß nicht, ob das auf alle Menschen zutrifft. Jeder ist anders. Wenn allerdings jedes Jahr eine der Praktizierenden im Spirit Rock Center – eine Frau, deren Tochter sich im Teenageralter vor rund zehn Jahren das Leben genommen hat und die einen großen Teil ihrer Zeit in den

Klausuren damit verbracht hat, sich mit ihrem Schmerz auseinanderzusetzen – den Todestag ihres Kindes begeht, indem sie den großen Gong außerhalb unserer Meditationshalle einhundertacht Mal anschlägt, dann stelle ich mir vor, sie schlage ihn auch für meine Großmutter.

Meine eigene Meditationspraxis habe ich fünfzehn Jahre nach meiner ersten Erfahrung in psychotherapeutischer Behandlung und zehn Jahre nachdem ich begonnen hatte, selbst als Psychotherapeutin zu arbeiten, aufgenommen. Ich war daher recht überrascht festzustellen, dass vor allem während einer Klausur – sobald ich in der Lage war, mich zu entspannen und meinen Geist zu fokussieren – alle meine »Problemthemen«, von denen ich geglaubt hatte, ich hätte sie im Rahmen meiner eigenen Therapie aufgearbeitet, wiederkamen wie gemeuchelte Bösewichte in Singspielen, die noch einmal vor den Vorhang treten wollten. Ich dachte: »Was ist denn *das*? Das kenne ich doch. Das habe ich doch längst hinter mir!«

Einige Jahre lang kehrten meine Bösewichte in immer neuen Auftritten mit noch mehr Vorhängen zurück. Ich glaube, es stimmte schon, dass ich zwar wusste, welche Themen für mich die schwierigsten waren, aber mir nicht bewusst war, wie tief meine Gefühle ihnen gegenüber waren. Vielleicht wusste ich mehr *über* sie, als dass ich spürte, wie sehr sie mir Angst machten oder mich bekümmerten. Als diese Geschichten in Begleitung ihrer

Gefühle zurückkehrten – wenn ich in Klausur war und genug Zeit und Gemütsruhe hatte, sie »auszusitzen« –, schenkte ich ihnen Aufmerksamkeit. Heute sage ich den Leuten: »Versuche deinen Geist gastfreundlich sein zu lassen. Diese Sache muss dich eine Weile besuchen. Hab keine Angst.«

Meine Erfahrung hat mich gelehrt, dass sich meine toten Bösewichte wohl deshalb in Geister verwandelt haben, die mich nicht mehr verfolgen, weil in den Klausuren zwei Dinge zusammenkamen: Einmal war ich inzwischen einige Jahre älter, und zum anderen spürte ich die Unterstützung einer stillen Gemeinschaft und war so in der Lage, meinen Geist während der Erfahrungen des »Noch einmal mit Gefühl« wach und ausgeglichen zu halten. Meistens jedenfalls. Falls doch noch einmal einer von ihnen auftaucht – weil mein Geist gerade aus irgendeinem Grunde überwältigt und stressanfällig ist –, akzeptiere ich ihn und arbeite um ihn herum.

# Den Geist streitfrei halten: *Mettā*-Praxis als weise Achtsamkeit

Als ich vor fünfundzwanzig Jahren in die *Mettā*-Praxis eingeführt wurde, sagte man mir, sie unterscheide sich – nicht nur technisch, sondern auch von der Zielsetzung her – von der Achtsamkeit. Und tatsächlich wurde sie – und wird sie manchmal immer noch – als eine zusätzliche Übung vorgestellt, die man in besonderen Fällen wie gefährlichen Situationen oder als formellen Abschluss eines Rituals bei einer Klausur als Teil der Widmung des Verdienstes benutzt. Aufgrund meiner eigenen Erfahrungen bin ich zu dem Schluss gekommen, dass Achtsamkeit und *Mettā* – auch wenn sie mit verschiedenen Techniken assoziiert werden – für die jeweils andere Praxis von wesentlicher Bedeutung sind.

Ich kann nicht wirklich achtsam sein – also ohne Zögern und ohne mich zu verstecken für die unmittelbare Erfahrung offen sein –, wenn mein Geist nicht gütig ist und ich nicht jedem Teil meiner Erfahrung vergebe, der Stress in mir aufsteigen lässt. Im Grunde ist es die achtsame Bewusstheit »Ich leide an etwas« oder jemand anders leidet an etwas, die spontan Gefühle des Wohlwollens in mir aufsteigen lässt. Und ich könnte nicht ernsthaft die *Mettā*-Praxis ausüben, ohne mit großer Aufmerksamkeit zu beobachten - also achtsam zu sein -, ob das, was ich mir wünsche, meinen Gefühlen entspricht. Meiner Erfahrung nach ist es das wiederholte direkte Bewusstsein dessen, wie wohltuende Verbundenheit - Freundlichkeit, Mitgefühl und Anerkennung - den Geist von Leiden befreien, das sowohl Weisheit als auch Gelassenheit in mir fördert und meine Entschlossenheit, wach zu bleiben, anregt.

In der Tat ist mein Lieblingswunschgebet: »Möge ich diesem Augenblick in seiner Fülle begegnen, möge ich ihm als Freund begegnen.« Ich betrachte dies als eine fortlaufende, tägliche, lebenslange Praxis, eine Kombination von Achtsamkeit und *Mettā*, die der Tatsache Rechnung trägt, dass beide nötig sind, um meinen Geist selbst in Schrecksituationen entspannt und freundlich zu halten. Manchmal sage ich das Gebet in einer Situation, in der ich mich plötzlich herausgefordert fühle und eine kurze Pause des Ausgleichens brauche, als Erinnerung nur einmal zu mir selbst, bevor ich weitermache. Manchmal benutze ich es als Mantra in der Sitzmeditation und wiederhole es immer wieder still für mich. Vielleicht wollen Sie das Buch jetzt für einige Minuten beiseite legen und es selbst versuchen. Wenn Sie es wie ein meditatives Mantra wiederholen, können Sie vielleicht den ersten Satz beim Einatmen und den zweiten beim Ausatmen sagen. »Möge ich diesem Augenblick in seiner Fülle begegnen, möge ich ihm als Freund begegnen.«

# Die Wahrheit über Vorlieben: Das *Mettā*-Rätsel

Achtsamkeit wird oft als Aufmerksamkeit definiert, die dem Augenblick mit ausgeglichenem Bewusstsein begegnet. Damit das Bewusstsein im Gleichgewicht bleiben kann, muss es erkennen, was passiert, um zu registrieren, ob es ihm gefällt oder nicht. Dann muss es sich – um streitfrei zu bleiben – so verhalten, als hätte es keine Vorlieben, auch wenn wir natürlich *immer* Vorlieben haben. Das Gleiche gilt für *Mettā*. Wir spazieren in unserem Leben umher und begegnen Menschen – in Gedanken oder persönlich –, die vom Geist als »angenehm« oder »unangenehm« eingestuft werden, und der Geist ist instinktiv entweder angezogen oder abgestoßen. Damit der Geist jedoch befriedet und eine Quelle der Weisheit bleiben kann, muss er sich so verhalten, als habe er keine Vorlieben, auch wenn er immer welche hat.

Es gibt Menschen, die ich lieber mag als andere. Das ist wahrscheinlich Teil unserer Gehirnstruktur, ein Schlüssel zum Überleben. Als San Francisco an einem Herbstabend im Jahre 1989 das letzte Mal von einem Erdbeben heimgesucht wurde, war das Erste, was ich tat, als ich den Erdstoß unter meinem Haus rollen spürte, auf meine Uhr zu blicken. Ich wollte wissen, wie spät es war, um sicher zu sein, dass die Mitglieder meiner Familie, die um diese Zeit alle von der Arbeit oder der Schule nach Hause kamen, sich nicht gerade auf einer Brücke befanden. Nachdem ich mir ausgerechnet hatte, dass sie die Brücken bereits passiert haben mussten – dass »meine Leute« also nicht in Gefahr waren –, schaltete ich den Fernseher an, um zu sehen, wie all die anderen zurechtkamen.

Ich glaube nicht, dass irgendetwas daran falsch ist. Wir sind für Innigkeit geschaffen. Ich glaube sogar, dass es im Grunde meine Vorlieben und das Wissen um meine Vorlieben sind, was mich mit anderen Menschen verbindet. Ich weiß, dass ich die *Mettā*-Gebete für alle Wesen noch so oft sagen kann – was ich als Teil der formalen *Mettā*-Praxis tue –, aber wirkliche Inbrunst und Leidenschaft erfüllen meine Gebete erst, wenn es um Menschen geht, mit denen ich persönlich zu tun habe. Ich verstehe – zumindest theoretisch –, dass ich, wenn ich hinsichtlich des Ausgangs aller Situationen vollkommen gelassen wäre, keine Vorlieben hätte und auch nie den Schmerz der Enttäuschung durchmachen müsste. Dennoch ...

Mein Telefon klingelte an einem Wintermorgen voll heftigen Regens und Sturms kurz nach sechs Uhr. Es war mein Mann Seymour, der anrief. Er war vor einer Stunde aufgebrochen, um seine Pendlerstrecke zur Arbeit zu fahren, bevor das Verkehrsaufkommen zu groß wurde, und ich war wieder ins Bett gegangen und eingeschlafen.

»Hast du schon die Nachrichten gehört?«

»Welche Nachrichten? Ich habe geschlafen. Was ist passiert?«

»Nun«, sagte er, »sie nennen keine Namen, aber einer der Rettungshubschrauber aus Santa Rosa ist heute Morgen auf dem Weg nach Fort Bragg abgestürzt. Der Pilot und die beiden Krankenschwestern an Bord kamen dabei ums Leben.«

Im Sonoma County in Kalifornien gibt es drei Piloten und sechs Schwestern, die reihum abwechselnd losfliegen, um bei Unfällen oder medizinischen Notfällen an abgelegenen Orten schnell Erste Hilfe zu leisten und die Patienten dann ins Krankenhaus zu befördern. Unsere Freundin Laura war eine dieser sechs Schwestern. Sie hatte uns schon manche unglaubliche Geschichte von Rettungsmanövern für Wanderer erzählt, die über die Kante der Steilküste abgestürzt waren und auf halbem Weg hinab in den Pazifik in den Klippen hingen, oder von Flügen, bei denen werdende Mütter in letzter Minute zur Entbindung ins Krankenhaus gebracht wurden.

»O lieber Gott«, sagte ich, »lass es nicht Laura sein.«

»Ich weiß«, antwortete Seymour. »Ich habe genau das Gleiche gedacht.«

»Wann werden sie bekannt geben, wer es war? Haben sie das gesagt?«

»Nein, alles was sie gesagt haben, war, das Wetter sei so übel und die Sicht so schlecht gewesen, dass der Hubschrauber an einer Bergwand in der Nähe von Fort Bragg abgestürzt ist und alle Insassen umgekommen sind.«

»Ich kann George so früh noch nicht anrufen«, sagte ich. »Ich werde bis acht warten und ihn dann anrufen und dir Bescheid geben.«

Ich setzte mich in die Ecke unseres Wohnzimmers dicht an das Fenster, das nach Osten hinausgeht. Dort sitze ich meistens am Morgen, um den Sonnenaufgang zu betrachten. Der Himmel war noch dunkel und es regnete immer noch. Ich hörte die konkurrierenden Botschaften in meinem Kopf: »Bitte, lass es nicht Laura sein.« Und: »Was geschehen ist, ist bereits geschehen. Bete für die Menschen, die umgekommen sind. Bete für die Hinterbliebenen.« Und wieder: »Bitte, lass es nicht Laura sein.«

Ich stellte mir Levi und Sophie, Lauras achtjährige Zwillinge, ohne ihre Mutter vor, und es war eine schreckliche Vorstellung. Ich stellte mir George ohne Laura vor. Ich hörte meine abwechselnden Petitionen »Mögen alle Wesen getröstet sein« und »Bitte, nicht Laura«. Ich dachte an die Piloten und die Krankenschwestern, die ich nicht kannte, und realisierte, dass jeder von ihnen auf seine oder ihre Weise die Laura von jemandem war. Ich wartete bis acht Uhr mit dem Anrufen – und zu meiner großen Erleichterung nahm Laura den Hörer ab.

In der klassischen buddhistischen Literatur gibt es ein Rätsel in Form einer Frage, die ein Lehrer stellt, um den Grad der Weisheit und des Mitgefühls der Schüler zu überprüfen:

Sie gehen mit Ihrem Lehrer, Ihrem liebsten Freund, einem vertrauten Fremden, dem gegenüber Sie neutral empfinden, und Ihrem schlimmsten Feind im Wald spazieren. Plötzlich verstellt Ihnen ein bewaffneter Desperado den Weg und droht, alle zu töten, wenn Sie ihm nicht einen der fünf Reisenden - Sie selbst eingeschlossenen - opfern. Dann könne der Rest der Gesellschaft weiterziehen. Wen würden Sie opfern?

Ich habe diese Frage in vielen Meditationsgruppen gestellt und bemerkt, dass die Leute sich für jede der folgenden Varianten entscheiden, bis auf eine:

»Ich würde mich selbst auswählen. Würde ich jemand anderen bestimmen, könnte ich mir nicht mehr ins Gesicht schauen.«

»Ich würde meinen Lehrer wählen. Er besitzt große Gelassenheit und wäre am ehesten in der Lage, mit dem Sterben umzugehen.«

»Ich würde die neutrale Person wählen. Es wäre eine leidenschaftslose Entscheidung und wäre deshalb vielleicht ein leichteres karmisches Vergehen.«

»Ich würde meinen Feind wählen. Ich würde das nicht gern tun, aber bleiben wir mal auf dem Teppich: Das liegt doch wohl auf der Hand.«

Manchmal sagen die Leute: »Ich könnte mich nicht entscheiden. Ich wüsste nicht, wen ich auswählen sollte.« Das ist, wie ich es verstehe, die »richtige« Antwort, diejenige, die zeigt, dass ihr Herz von jeder Parteilichkeit gereinigt ist. Wenn jemand die »Ich könnte mich nicht entscheiden«-Antwort gibt, ruft die Gruppe meiner Erfahrung nach aus: »Das ist nicht fair! Im Rätsel heißt es, du musst dich entscheiden.« Und häufig ruft jemand: »*Natürlich* hast du die Wahl.«

Doch in all den Jahren hat bisher niemand geantwortet: »Ich würde meinen liebsten Freund auswählen.« Für jede andere Kategorie werden irgendwelche Erklärungen gefunden. Doch für die Wahl des Menschen, der einem am meisten am Herzen liegt, gibt es keine Argumente.

Tatsächlich gibt es im *Mettā-Sutta*, dem Text Buddhas über die universelle Liebe, die folgenden Zeilen:

> Wie eine Mutter ihr Kind, ihr einziges Kind,
> mit ihrem Leben beschützt,
> so sollte man mit einem grenzenlosen Herzen
> alle Lebewesen lieben
> und Freundlichkeit über die ganze Welt ausstrahlen.

Ich denke, das weist explizit darauf hin, dass unsere engsten Bindungen in der Tat die Quelle aller Fürsorge für sämtliche Lebewesen sind, sogar für jene, die wir nicht kennen, und sogar für jene, die wir vielleicht als Feinde bezeichnen. Gilt es für Sie nicht genauso wie für mich, dass Ihr Herz, wenn Sie hören, dass jemand einen Verlust erlitten hat, von dem intuitiven Empfinden dessen berührt ist, was die Hinterbliebenen fühlen müssen? Wir alle wissen, was es heißt, »einen Menschen zu verlieren«. Was meinen Geist zur Fürsorge für und zum Mitgefühl mit Menschen, die ich nicht kenne - oder vielleicht nicht einmal mag - motiviert, ist das Wissen darum, dass jeder seine Laura so sehr liebt wie ich die meine.

# Ein Atem, ein Name: Achtsame Wunschgebete

Diese Meditation kombiniert zwei Techniken miteinander: den traditionellen »Anker des Atems« der Achtsamkeitspraxis mit der ständigen Erweiterung der Liste der Begünstigten unserer wohlwollenden Wünsche, was die Grundlage der *Mettā*-Praxis ist. Die Formel der Achtsamkeitsmeditation beginnt mit der Sammlung auf den Atem und weitet von ihm ausgehend die Aufmerksamkeit auf alles andere aus. Die übliche Form der Praxis von *Mettā* beginnt mit Wunschgebeten für die Nächststehenden und Liebsten und weitet den Kreis derer, denen wir Gutes wünschen, dann allmählich auf alle Lebewesen aus.

Ich liebe es, diese beiden Formen miteinander zu kombinieren. Ich empfinde diese Meditation als sofort tröstend (durch die ruhige Aufmerksamkeit auf den Atem) und sofort wohltuend (weil ich an die Menschen denke, die ich liebe, und ihnen Gutes wünsche). Es ist sehr leicht.

Die ganze Übung geht folgendermaßen – vielleicht wollen Sie es gleich einmal ausprobieren:

Spüren Sie Ihren Atem. Verändern Sie die Atmung nicht. Nehmen Sie den Atem einfach nur zur Kenntnis. Einatmen. Ausatmen. Ein. Aus.

Überlegen Sie sich nun das Wunschgebet, das Sie sprechen möchten: »Mögest du in Frieden sein« oder »Mögest du glücklich sein« oder »Möge dies ein wundervoller Tag für dich sein« oder »Mögest du in jeder Hinsicht gedeihen.« Dies sind nur ein paar Anregungen. Nehmen Sie, was Sie wollen, aber versuchen Sie an etwas zu denken, das Sie jedem auf der ganzen Welt wünschen können, von ihren Allerliebsten bis hin zum Postboten.

Nehmen Sie sich es sich mit jedem Atemzug, den Sie machen, zum Vorsatz, dass der Wunsch, den Sie formuliert haben, all denen gewidmet sein wird, an die Ihr Geist in diesem Augenblick denkt. Beginnen Sie dann mit der Widmung Ihrer Wünsche. (Ich sage den Wunsch nicht jedes Mal, sondern denke mit jedem Atemzug an einen Menschen, sage innerlich seinen Namen und spüre, wie ich ihm oder ihr dieses Gebet darbringe. Dann gehe ich zum nächsten Atemzug und zur nächsten Person weiter.)

Die Liste der Namen ändert sich jedes Mal, wenn ich diese Meditation mache, aber Seymour – der seit meinem fünfzehnten Lebensjahr mein Lebenspartner ist – gehört zu den Menschen, an die ich immer denke, und seinen Namen nenne ich immer mit meinem ersten

Atemzug. Er muss nicht unbedingt der Mensch sein, an den ich gerade am meisten denke; ich kann sogar gerade nicht besonders gut auf ihn zu sprechen sein, aber ich habe diese »Liturgie« schon seit so langer Zeit mit ihm begonnen, dass er automatisch an erster Stelle steht. Wenn ich einen Atemzug nehme und innerlich »Seymour« sage, wird mein Geist automatisch weitergehen zu »Michael« (meinem ältesten Sohn) und so weiter durch die ganze Familie und alle Freunde, die mir lieb sind wie eine Familie und die ich deshalb selbstverständlich in meine Gebete einschließe. Dieser Teil der Meditation muntert mich immer auf. Ich werde daran erinnert, wie viele Menschen mir am Herzen liegen. Selbst wenn ich auf einen von ihnen sauer bin oder mir Sorgen um ihn mache, erinnert mich das ruhige und bewusste Wunschgebet an meine Sorge für ihn und daran, was ich für ihn tun – oder manchmal auch nicht tun – kann. In beiden Fällen fühle ich mich erleichtert. Es ist, als hätte ich einen Rundgang durch meine persönliche Welt unternommen.

Wenn ich mit den Menschen fertig bin, die regelmäßig drankommen, macht mein Geist allein weiter und schlägt mir Namen von Leuten zum Aufzählen vor, einen bei jedem Atemzug, und ich nenne die Namen. Ich brauche nicht groß nachzudenken. Kollegen, Bekannte, jeder Mensch, von dem ich irgendwie Kenntnis habe, sie alle stellen sich rechtzeitig zum nächsten Atemzug vor meinem inneren Auge »in die Warteschlange«. Manchmal, wenn sich mein Geist besonders leicht und spielerisch anfühlt, kann es wie ein Spiel aussehen: »Oje, mir fällt niemand mehr ein. An wen könnte ich noch denken?« Aber es gibt immer jemanden, an den man denken kann. »Möge es dem Geschäftspartner meines Schwagers, von dem ich gehört habe, er sei krank, ebenfalls gut gehen.«

Und manchmal, wenn ich an einen Menschen denke und feststelle, dass mein Geist zurückscheut, »Nicht der!«, bleibe ich mit meiner Absicht bei diesem Menschen und segne ihn so viele Atemzüge lang mit Wunschgebeten, wie es braucht, damit ich mich wohl dabei fühle. Dadurch werden zwar meine Schwierigkeiten mit dieser Person nicht aus der Welt geschafft, aber es mildert das Unbehagen, das ich dieser Person gegenüber empfinde. Da es nicht ungewöhnlich für mich ist festzustellen, dass ich irgendjemandem gegenüber eine verborgene Abneigung hege, wirkt diese »Ein Atem, ein Name«-Meditation wie ein Sieb, das die unangenehmen Anteile meines Lebens auffängt und anzeigt, so dass ich etwas über sie lernen und vielleicht etwas an meiner Einstellung ändern kann.

Wollen Sie die Meditation nicht jetzt gleich einmal versuchen? Ich glaube, sie erzeugt deshalb ein solch großes Glück in uns, weil mit jedem Atemzug eine weitere Verbindungslinie gezogen wird. Aber Sie müssen es selbst ausprobieren, um herauszufinden, dass es stimmt.

# Vierter Teil

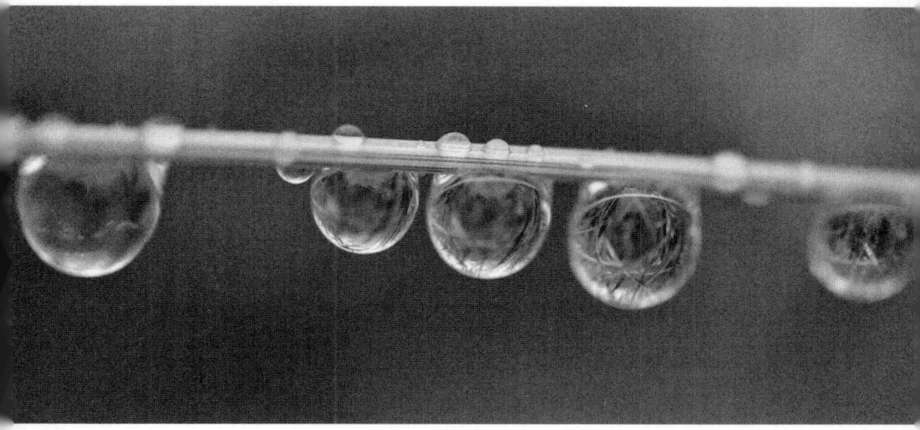

# Weise Sammlung

# Den Geist stabilisieren: Weise Sammlung als Wächter der Weisheit

Weise Sammlung stabilisiert den Geist, wenn er seinen Erfahrungen achtsam begegnet, sie untersucht und sie mit *vision profonde* erforscht. Sammlung ist der Ballast im Kiel des Bootes vom Geist, der es dem weisen Bemühen erlaubt, zu operieren, den Geist dabei zu ertappen, wenn er gerade einen Fehler macht, und ihn wieder auf den richtigen Kurs zu bringen. Alle Schritte des Achtfachen Pfads unterstützen einander, aber ich halte weise Sammlung für die fundamentale Stütze aller anderen Aspekte des Pfades. Die Qualität, die ich am meisten mit Sammlung assoziiere, ist Gemütsruhe.

Es gibt eine Zen-Geschichte über ein Dorf, das Kunde von der bevorstehenden Ankunft eines berüchtigten Samurai-Kriegers erhält, der auf Zerstörung aus ist. Die Einwohner des Dorfes flüchten. Die Mönche des benachbarten Klosters fliehen ebenfalls. Nur der Abt des Zen-Klosters bleibt, vollkommen in Sammlung versunken und in seiner Gelassenheit unerschütterlich, auf dem Meditationskissen in seinem Schreinraum sitzen. Erinnern

Sie sich an die Geschichte von Buddha und Māra? – Als der Krieger den Abt so unbeeindruckt vorfindet, nachdem er entdeckt hat, dass das Dorf und das Kloster verlassen sind, wird sein Selbstbild als ein Mensch, der Schrecken verbreitet, erschüttert. Er schwingt sein Schwert und ruft: »Weißt du nicht, dass ich ein Mann bin, der dich ohne mit der Wimper zu zucken mit dem Schwert durchbohren kann?« Mit einer leichten Verbeugung und respektvoll zusammengelegten Handflächen antwortet der Abt: »Und ich, mein Herr, bin ein Mann, den man mit einem Schwert durchbohren kann, ohne dass er mit der Wimper zuckt.« Die Geschichte endet damit, dass der Krieger den Zen-Meister als seinen Lehrer annimmt und sein Schüler wird.

Ich brauchte lange Zeit, vielleicht sogar Jahre, um mit dieser Geschichte warm zu werden. Wie auch bei anderen Zen-Geschichten wird der Inhalt nicht kommentiert. Anfangs schien es mir so, als wolle sie sagen, dass dem Abt Leben und Sterben einerlei wären. Mir sind sie nicht einerlei. Doch dann realisierte ich, dass die Geschichte nichts darüber aussagt, was der Abt dem Sterben gegenüber *empfindet*. Sie besagt vielmehr, dass er die Fassung bewahren kann, wenn der Tod unausweichlich ist. Sie unterstreicht wieder einmal die grundlegende Wahrheit, die der Buddha gelehrt hat: die Tatsache, dass Leiden entsteht, wenn der Geist die Dinge unbedingt anders haben möchte als sie sind. Der Abt – dessen Weisheit unerschütterlich ist, da sein Geist von Sammlung stabilisiert ist –, hat sich entschieden, die Situation nicht noch durch Kämpfen komplizierter zu machen. So wie ich die Geschichte verstehe, ist der Abt nicht so tief in Sammlung versunken, dass er nicht mitbekommt, was um ihn herum geschieht – es gibt Zustände der Versunkenheit, in denen der Geist von äußerem Bewusstsein völlig »abgeschieden« ist. Ich glaube, er weiß sehr wohl, was los ist, aber er hat sich für Frieden entschieden.

Ich denke, diese Zen-Geschichte, ob sie nun wahr ist oder Legende, soll uns daran erinnern, dass es selbst unter extremen Umständen möglich ist, einen unerschütterlichen Geist zu bewahren. So wie ich es verstehe, bleibt der Geist besonders in Situationen, in denen er keinerlei Einfluss auf das Geschehen hat – wie zum Beispiel, wenn der Tod nahe bevorsteht und unausweichlich ist –, ganz von selbst unerschütterlich. Er kann nicht umherflitzen und nach Alternativen Ausschau halten, wenn es keine gibt. Mir fallen die Menschen in den entführten Flugzeugen am 11. September 2001 ein, die zu Hause anriefen, um ihren Lieben zu sagen: »Ich liebe euch. Gebt gut auf euch acht.« Oder auch meine Freundin Martha, bei der man kurz nach dem Tod ihres Bruders Bauchspeicheldrüsenkrebs diagnostiziert hatte. Sie sagte mir: »Wenn mein Gemüt protestiert, ›Warum gerade ich?‹, dann bin ich verzweifelt. Aber wenn ich mir sage ›Warum *nicht* ich? Solche Dinge geschehen‹, dann fühle ich mich ruhig.« Ein nahe bevorstehender Tod lässt keinen Raum oder keine Zeit für Argumente des Geistes wie: »Das sollte anders sein.« Dann kann Weisheit die Oberhand gewinnen.

In Ermangelung eines so machtvollen Lehrers wie dem unmittelbar bevorstehenden Tod, dem wir nur einmal begegnen, besteht die Geschichte unseres Lebens doch aus fortlaufender Anpassung an Veränderungen, von denen manche willkommen sind und manche nicht. Eine sehr alte Frau, die Tante einer meiner Freundinnen, die ihr Gedächtnis und praktisch ihr gesamtes Vokabular verloren hatte, erinnerte sich nur noch an zwei Wörter und sagte sie zu jedem, der sie besuchen kam. Diese Wörter waren »zeitweilig« und »unerwartet«. Ich weiß nicht, ob die alte Frau die Bedeutung dieser Wörter noch begriff, aber die Menschen, die sie kannten und liebten, stellten sich gern vor, dass sie es tat. Die grundlegende Wahrheit aller Erfahrung ist schließlich ständiger Wandel; und die Veränderungen, die erfordern, dass wir uns der Situation anpassen, also die »unerwarteten«, sind diejenigen, die wir besonders spüren, weil wir herausfinden müssen, was zu tun ist.

Jede Herausforderung, so klein sie auch sein mag, ist eine potentielle Ursache für Verwirrung. Der Geist, aufgeschreckt durch ein neues Dilemma – »Hilfe! Was nun?« –, macht nur allzu oft vorschnell einen Satz nach vorn in das, was für jeden von uns die Lieblingsmanier oder zumindest die übliche Manier ist, etwas zu bewältigen. Erinnern Sie sich, dass der Geist eines jeden Menschen, wie zuvor schon ausgeführt, spontan mit einem für diesen Menschen charakteristischen emotionalen Zustand reagiert, der den Geist verblendet, wenn er durch eine Herausforderung aufgeschreckt wird? Der Buddha beschreibt diese Zustände als »verstörende Energien«, *kilesha* in Pali. Dieser Begriff wird oft mit »Hindernisse« übersetzt, da die *Kilesha* das Vermögen des Geistes, klar einzuschätzen, was geschieht, behindern. Als Energien »kräuseln sie die Oberfläche des Geistes«. Sie verzerren die Wahrheit. Sie werden sich erinnern, dass Achtsamkeit das Vorhandensein dieser verblendenden Energien erkennt, sie als vorübergehend durchschaut und entweder durch sie hindurch oder um sie herum geht, so dass die Klarheit des Geistes bewahrt werden kann. Meiner Erfahrung nach löst Sammlung Hindernisse auf. Ich habe einmal einen tibetischen buddhistischen Lehrer sagen hören: »In der großen Weite des Gewahrseins sind alle Hindernisse selbstbefreiend.« Ich weiß, dass ärgerliche Gedanken und Gefühle zwar auftauchen, aber sich nicht einnisten können, wenn mein Geist gesammelt, sehr entspannt und gefestigt und von warmer Intention erfüllt ist.

Hier ist eine zeitgenössische *Kilesha*-Geschichte für Sie. Sie enthält gute Beispiele für das, was geschieht, wenn sich verstörende Gedanken und Gefühle »eingenistet« haben. Sie gefällt mir, denn sie entstand während eines Mittwochkurses im Spirit Rock Mountain Center, und viele der Anwesenden waren sich darüber im Klaren, dass wir eine perfekte Liste der traditionellen fünf Hindernisse, die der Buddha beschrieben hat, aufstellten, als wir die verschiedenen Beiträge der Teilnehmer zu diesem Thema hörten.

Eine Frau erzählte: »Als ich gestern aus meinem Apartmenthaus in San Francisco kam, um zur Arbeit zu fahren, bemerkte ich nur, dass ich meinen Schlüssel irgendwie niedriger als sonst in meine Autotür stecken musste. Dann erst fiel mir auf, dass in der Nacht alle vier Reifen gestohlen worden waren und das Auto auf seinen Radnaben stand. Ich wurde so wütend, dass ich erst mal zu dem Einkaufszentrum ging, das nur drei Häuserblocks von meiner Wohnung entfernt ist, und den seidenen Pyjama kaufte, den ich vor ein paar Tagen in einem Schaufenster gesehen hatte und den ich seitdem unbedingt haben wollte. Dann ging ich nach Hause und rief die Polizei an.«

»Das hast du wirklich getan?«, fragte ein Mann überrascht. »Ich wäre zurück ins Haus gegangen und hätte erst einmal dem Wachmann meine Meinung gegeigt. Einen Teil meiner Miete zahle ich nämlich für die Bewachung des Gebäudes und der Umgebung. Dann wäre ich zur Arbeit gefahren und wäre wohl allen auf die Nerven gefallen. Wenn ich sauer bin, verliere ich nämlich schnell die Geduld mit den Leuten.«

Eine andere Frau sagte: »Ich ertrage diese Art von Stress nicht. Ich wäre in meine Wohnung zurückgegangen, hätte bei meiner Arbeitsstelle angerufen und gesagt, ich hätte einen schlechten Tag und bräuchte etwas Freizeit. Dann, schätze ich, hätte ich die Polizei angerufen.«

Eine Frau, die schon lange Mitglied der Gruppe war, sagte lachend: »Na, ich schätze, ihr könnt euch alle meine Antwort vorstellen. Ich hätte gedacht: ›Heute die Reifen, morgen das ganze Auto‹. Mein Motto ist«, fuhr sie fort, »wenn du dir nicht sicher bist, mach dir Sorgen.« Alle lachten.

Und eine weitere Person fügte hinzu: »Ich hätte mir Vorwürfe gemacht, in diese Wohngegend gezogen zu sein. Ich kann mich regelrecht sagen hören: ›Da hast du mal wieder eine blöde Entscheidung getroffen.‹ Vielleicht habe ich ja einen genetisch bedingten Mangel an Zutrauen. Obwohl ich in meinem Leben ziemlich gut zurechtkomme, fällt es mir unheimlich schwer, Entscheidungen zu treffen, und wenn etwas schief geht, gebe ich mir die Schuld.«

Viele der Teilnehmer lachten inzwischen. Sie erkannten, dass jeder Beitrag für eines der fünf traditionellen Hindernisse stand: Begehren (manchmal auch Lust genannt, was irgendwie noch schlimmer klingt), Abneigung (in all ihren Variationen von Ärger bis zu rasender Wut), Erschöpfung (die in den traditionellen Texten Faulheit oder Trägheit genannt wird), Ruhelosigkeit (die sich als

Sich-Sorgen-Machen oder Sich-Ärgern manifestiert, als hätte der Geist mehr Energie, als er fassen kann) und Zweifel (der sich häufig als Unsicherheit manifestiert).

Außerdem, glaube ich, waren die Leute erleichtert zu hören, dass andere Menschen genauso mit sich zu kämpfen haben wie sie selbst. Wir stellten uns vor, wie es wäre, die Gruppe in *Kilesha*-Gruppen zu unterteilen, also je nach der Veranlagung der Teilnehmer, eine der fünf Reaktionen als ihre unmittelbarste Hauptreaktion auf eine Herausforderung zu erkennen. Wir nahmen an, die Mitglieder der einzelnen Gruppen würden sich in der Gesellschaft ihresgleichen besonders wohl fühlen. Es ist einigermaßen beschämend zu glauben, man sei die einzige Person auf der Welt, deren Gedanken nicht von einem seidenen Pyjama loskommen oder deren Sicherung bei Wut unangenehm schnell durchbrennt oder deren Geist nicht aufhört, sich zu ärgern, auch wenn man weiß, dass die Leute recht haben, die sagen: »Sich Sorgen zu machen bringt nichts.« Des weiteren könnten sich die Gruppenmitglieder gegenseitig Tipps geben, wie man mit einer solchen Veranlagung umgeht, da sie darin ziemliche Übung besitzen.

Die Gruppe hatte sich an jenem Morgen tatsächlich in fünf Untergruppen aufgeteilt, und es zeigte sich, dass sich mehr Leute für die Wut- und die Sorgen-Gruppe entschieden als für die anderen drei. Ich habe seither in vielen Meditationskursen die Teilnehmer aufgefordert, sich nach *Kilesha*-Kategorien zu gruppieren, und das Zahlenverhältnis der Leute in den einzelnen Gruppen war im Allgemeinen immer etwa gleich. Ich beginne damit, einen kurzen Überblick über die fünf Energien zu geben – Begehren, Wut, Erschöpfung, Sich-Sorgen, Zweifel – und erzähle dann von meiner hervorstechendsten Schwierigkeit. Ich mache mir leicht Sorgen. Sicher bin ich nicht mehr so von meiner Neigung, mir Sorgen zu machen, gefangen wie noch vor dreißig Jahren – ich präsentiere mich in den Gruppen als jemand, der auf dem Sorgen-Entzug ist –, aber meine Fähigkeit, Geschichten mit einem schrecklichen Ende zu erfinden, scheint mir immer noch ziemlich ausgeprägt.

Wie ich früher zu sein pflegte, beschreibe ich folgendermaßen: »Ich machte mir Sorgen-Sorgen-Sorgen, wenn etwas geschah, dessen Ausgang unsicher war. Sobald dann die Anspannung in meinem Geist über das, worin auch immer er sich verstrickt hatte, nachließ, dachte ich: ›All diese zusätzliche Qual der Sorgen war umsonst. Ich sehe das jetzt ganz deutlich. Ich werde das niemals wieder tun.‹ Und fünfzehn Minuten später oder am nächsten Tag oder ziemlich bald bei irgendeinem Ereignis fing ich wieder an, mir Sorgen zu machen.« Wenn ich mich im Raum umsehe, während ich dies sage, sehe ich viele Leute zustimmend mit dem Kopf nicken. Für diejenigen Teilnehmer, denen es besonders schwerfällt, mit einer anderen verstörenden Energie umzugehen, ist meine Geschichte zumindest hilfreich, wenn sie sich fragen, zu welcher Gruppe sie wohl gehören.

Wenn wir uns mit anderen Leuten über die Neigung unseres Geistes, sich mit der einen oder anderen verstörenden Emotion zu überschwemmen, austauschen, so hat das nicht nur eine unterstützende und tröstende Funktion. Viel wichtiger ist, dass es uns hilft, uns darüber klar zu werden, dass unsere »Schwierigkeiten« Gewohnheitsmuster sind und daher die Möglichkeit besteht, sie zu verändern. Was meine eigene Gewohnheit angeht, mir Sorgen zu machen, vermute ich, dass ich bereits mit ihr geboren wurde oder zumindest mit der Veranlagung dazu. Ich kann mich nicht erinnern, je ohne sie gewesen zu sein. Ich verfolge die jüngsten Entwicklungen in der Neurobiologie und bin mir ziemlich sicher, dass die Genetiker bald verkünden werden, dass die Reaktionsmuster bei Herausforderungen im genetischen Code verankert sind, ebenso wie die Augenfarbe, die Haarstruktur und die Fähigkeit, sich an eine Melodie zu erinnern.

Außerdem bin ich mir ziemlich sicher, dass die angsteinflößenden Ereignisse meiner Kindheit – wie etwa die Krankheit meiner Mutter oder die Bombenalarm-Übungen in der Schule, während derer wir in den Fluren saßen und auf Flugzeuge lauschten, oder die nächtlichen Verdunkelungsübungen, bei denen in der ganzen Stadt alle Lichter ausgeschaltet wurden – meine Neigung, mich zu sorgen, zwar verstärkt haben, dass sie dafür aber nicht verantwortlich sind. Hätte ich einen anderen Geist mitbekommen, wäre aus mir auch etwas anderes geworden.

Es ist eine große Erleichterung, wenn man seine eigenen verstörten Geistesmuster - oder die eines jeden anderen - als karmische Folge von komplexen, irgendwie willkürlichen und doch immer gesetzmäßigen Umständen verstehen kann. Die Genetik ist erstaunlich und das Karma geheimnisvoll. Nur eines meiner vier Kinder hat stark gelocktes Haar. Einige meiner Enkelkinder, die zu Friedenszeiten von gesunden Eltern geboren wurden, neigen dazu, sich Sorgen zu machen. Einige ebendieser Enkelkinder haben Geschwister, welche in derselben Familie aufgewachsen sind und die gleichen Erfahrungen teilen und sich dennoch keine Sorgen machen. Wer weiß denn schon, wie solche Sachen über die Generationen hinweg weitergegeben werden? Das Wichtige daran ist, dass die emotionalen Neigungen, anders als die Haarstruktur, modifiziert werden können. Das weiß ich aus eigener Erfahrung.

Es stimmt wirklich, dass ich auf dem Sorgen-Entzug bin. Ich ärgere mich oft »beinahe«, so als hätte meine Neigung Restspuren in meinem Nervensystem hinterlassen. Mein Geist leiert immer noch leicht ein Szenario des schlimmsten Falls als Reaktion auf das an, was ich als Herausforderung empfinde, aber meistens glaube ich nicht daran. Ich denke mir im Stillen: »Nun geht meine Gedankenmühle wieder los und macht ihr Ding. Wer weiß? Vielleicht ist dies das eine von einer Million Malen, wo sich meine Sorgen als begründet erweisen. Wenn dem so sein sollte, werde ich mich darum kümmern, wenn es so weit ist. Doch jetzt werde ich den Köder nicht schlucken.« Fest steht, je weniger »Sendezeit« ich dem Sorgenmachen zubillige, desto weniger werden meine Gedanken. Manchmal, wenn ich schreckliche Gedanken habe, kann ich sogar lachen. Nachdem ich nun schon so lange Zeit in der Knechtschaft der Angst verbracht habe, ist es aufregend, in der Lage zu sein, die offenbar endlose Kapazität meines Geistes für dramatische Imagination zu genießen. Das ist es vielleicht auch, was mich zu einer guten Geschichtenerzählerin macht.

So, wie ich auf dem Sorgen-Entzug bin, sind meine Freunde, die sich mit den »Lusttypen« oder den »Abneigungstypen« oder den »Trägheitstypen« oder den »Zweifeltypen« identifizieren, auf ihrem eigenen Entzug. Wir alle stehen mitten im Leben und leisten etwas, wobei wir uns unserer Neigungen bewusst sind, aber nicht ihre Sklaven sind. Mein Freund Dick Bolton hörte, wie ich die Geschichte mit den gestohlenen Reifen erzählte, als ich in Portland in Oregon lehrte. Als ich die Leute bat, sich zu melden, um den Typ zu bezeichnen, der am ehesten auf sie zuträfe, sagte er: »Ich verstehe das alles nicht. Ich wäre in meine Wohnung zurückgegangen, hätte die Polizei angerufen und einen Bericht gemacht, hätte ein Taxi gerufen und wäre zur Arbeit gefahren.«

Natürlich! Die meisten von uns würden das tun. Und die meisten der Menschen in all den anderen Gruppen, denen ich diese Frage gestellt habe, hätten das Gleiche getan. Unsere Neigungen beschreiben die Stimmung, die der Geist als Reaktion auf eine Herausforderung produziert, nicht unbedingt die Reaktion an sich. Bei den meisten von uns beruhigt sich der Geist nach einer Phase der Aufregung und wir passen uns dem an, was gerade geschieht. Zu bemerken »Dies ist mein gewohnheitsmäßiges Aufregungsmuster«, ist eine große Hilfe, damit die Beruhigung sich schon früher einstellen kann. Manchmal beruhigen wir uns allein schon deshalb, weil wir unser Reaktionsmuster erkennen, und zu anderen Zeiten ist die Wahrnehmung des Musters das Signal, ein Gegenmittel gegen die Aufregung zu aktivieren, wie etwa einen tiefen Atemzug zu nehmen oder einfach abzuwarten.

Lassen Sie uns noch einmal zu der Geschichte des Zen-Meisters zurückgehen. Um zu zeigen, dass Sammlung ein Gegenmittel gegen die übliche, alltägliche Verblendung des Geistes sein kann, möchte ich seine Herausforderung auf Leben und Tod, die Klarheit von ihm verlangte, durch alltägliche Herausforderungen ersetzen, die seinem Geist Raum gelassen hätten, durch eine Kampfreaktion in Verwirrung zu geraten. Nehmen wir einmal an, die Mönche in seinem Kloster wären ihm gegenüber oder untereinander renitent und respektlos gewesen. Oder sie hätten alle beschlossen, andere Lehrer aufzusuchen oder das Mönchsleben aufzugeben. Oder der Meditationsmeister hätte Arthritis in den Knien bekommen und hätte nicht länger auf seinem Meditationskissen sitzen können. Würde ich eine solche Geschichte schreiben, würde ich sagen, dass der Zen-Meister von keiner dieser Entwicklungen angetan war. Ich würde sagen, dass er ärgerlich und enttäuscht war. Ich würde sagen, dass er sich in seiner Rolle als geistiger Führer entmutigt fühlte und sich nach einem Körper sehnte, in dem er sich wohler fühlen würde. *Und* dass er nicht mit der Wimper zuckte.

# Gemütsruhe als Unterstützung bei Traurigkeit

Traurigkeit ist kein *Kilesha*, ein Gewohnheitsmuster, das durch Herausforderungen hervorgerufen wird. Traurigkeit ist das, was der Geist empfindet, wenn er sich beraubt und entblößt fühlt. Alle Weisheit der Welt über die Unausweichlichkeit des Wandels oder die Gesetzmäßigkeit des Karma können die Schwere im Geist nicht aufheben, die wir empfinden, wenn wir jemanden oder etwas, das uns sehr am Herzen liegt, verlieren. Der Geist kann nicht klar denken, wenn er realisiert, dass die Gestalt der Zukunft auf immer verändert ist. Ich erinnere mich noch, wie es war, als meine Tante Miriam und ich uns für die Beerdigung meiner Mutter anzogen. Meine Mutter hatte eine schwache Gesundheit, aber ihr plötzlicher Tod kam trotzdem überraschend. Damals fragte ich meine Tante: »Sollte ich Lippenstift tragen? Trägt man Lippenstift bei einem Begräbnis?«

»Ich weiß es nicht«, antwortete Miriam. »Zu dumm, dass Gladys nicht da ist. Sie würde es wissen.«

Ich weiß, dass wir beide verstört waren. Natürlich war

es dumm, dass Gladys nicht da war. Aber es war dumm, weil sie *gestorben* war, und nicht, weil wir die Make-up-Regeln nicht kannten.

Jeder Verlust ist traurig. Das Ende einer wichtigen Beziehung ist auch ein Tod. Wenn die Menschen sich nicht mehr gegenseitig lieben oder wenn etwas, das wie eine feste Freundschaft aussah, in Scherben geht, ist die Hoffnung auf eine gemeinsame Zukunft – eine Hoffnung, die dem Leben einen Inhalt und einen Sinn gab – dahin. Die »Überlebenden« einer gescheiterten Beziehung – auch wenn der Bruch »das Beste für sie« ist – sind überrascht, sich in einer Welt zu befinden, die plötzlich ganz anders aussieht, und der Geist muss lernen, sich darin zurechtzufinden.

Das Nachlassen der Gesundheit und der Vitalität ist traurig. Meine Freundin Tamara, deren Ärzte während ich hier schreibe versuchen, eine Chemotherapie zu finden, die ihrem Eierstockkrebs Einhalt gebieten kann, sagt: »Das ist sehr schwer, Sylvia. Ich weiß nicht, was ich machen würde, wenn ich nicht meine Meditationspraxis hätte. Ich kann nicht sehr gut denken, aber wenigstens atme ich. Dann sehen Jimmy und ich uns das Fußballspiel im Fernsehen an.«

# Nehmen Sie nun einen Atemzug: Weise Sammlung als Allheilmittel

Nehmen Sie jetzt einen Atemzug. Einen langen, bewussten Atemzug, den Sie von Anfang bis Ende spüren können. Versuchen Sie es ernsthaft. Sie können es mit geöffneten Augen tun. Sie können es tun, während Sie dies lesen. Können Sie spüren, wie Ihr Körper und besonders Ihr Brustkorb sich ausdehnt und entspannt, um die Luft hinein- und herausfließen zu lassen, ohne dass Sie aufhören zu lesen?

Betrachten Sie Sammlung vor allem als die Entwicklung von Gemütsruhe. Sie müssen die Faktoren der Sammlung nicht auswendig lernen – die fünf Aspekte der Sammlung, die die Gegenmittel zu den einzelnen *Kilesha*-Aspekten darstellen –, denn worauf es ankommt, ist, dass der Geist es sich mit der Zeit und durch die Übung zur Gewohnheit macht, sich selbst zu beruhigen. Aus seiner ihm innewohnenden Weisheit heraus weiß er, wie man das macht. Ich nenne Ihnen dennoch die Faktoren, weil es eine nützliche Formulierung ist, die einerseits in der Form einer ordentlichen Liste aufzeigt, dass es für jeden verstörten Geisteszustand ein Gegenmittel gibt, aber auch, weil wir sie anwenden können und sie funktioniert. Ich lade Sie ein, weiterzulesen, während Sie den Anweisungen zur Verlagerung Ihrer Aufmerksamkeit folgen, um jeden dieser Faktoren als einen Teil Ihres fokussierten Geistes kennenzulernen.

Ihre Atmung geht weiter, während Sie das tun (natürlich!), genauso stetig und natürlich wie bei Ihrem ersten Atemzug, den Sie getan haben, als Sie begonnen haben, diese Seiten zu lesen. Und Sie können bei jeder Komponente mit dem Lesen innehalten, um die Augen zu schließen und die Empfindungen des Atems intensiver zu spüren.

Der gesammelte Geist besitzt eine größere Fähigkeit, selbst kleinste Details wahrzunehmen; und durch dieses Wahrnehmen erweckt er sich selbst aus einem niedergeschlagenen (trägen) Zustand. Es fühlt sich wie Magie an, wenn sich der Geist inmitten einer schläfrigen Verfassung zur Wachheit aufrafft, nur indem er aufmerksam ist. Es ist nicht weiter erstaunlich, wenn man plötzlich aufwacht, sobald etwas sehr Dramatisches geschieht. Was Sie, wie ich hoffe, nun aber entdecken werden, ist, dass der Geist hellwach sein kann, auch wenn kein Notfall vorliegt, so wie in diesem Augenblick, indem Sie die Aufmerksamkeit auf ein besonderes Detail Ihrer Erfahrung lenken. Die Klarheit, die notwendig ist, um eine sehr subtile Empfindung zu erkennen, belebt den Geist.

Da Sie ja bereits hinsichtlich der allgemeinen Bewegungen Ihres Atems achtsam sind, versuchen Sie nun, den genauen Augenblick zu erkennen, in dem die Einatmung endet. Normalerweise halten wir den Atem für eine kontinuierliche Bewegung, für ein Einatmen, das zum Ausatmen *wird*. Aber er ist nicht kontinuierlich. Einatmen hat ein Ende. Dann beginnt nach einer kurzen Pause ein Ausatmen. Das ist eine andere Bewegung. Wenn Sie diese besondere Erfahrung deutlicher spüren wollen, schließen Sie die Augen. Ja, vielleicht sollten Sie tatsächlich die Augen fünf Atemzüge lang geschlossen halten und so die Wechsel von Ein- und Ausatmen in der Mitte eines jeden Atemzyklus wahrnehmen. Vielleicht werden Sie feststellen, dass Sie am Ende dieser fünf Atemzüge viel wacher sind. Versuchen Sie es jetzt. Wenn Sie die fünf Atemzüge, oder zehn, wenn Sie es ein wenig länger versuchen wollen, beendet haben, spüren Sie, ob Sie sich wacher fühlen. (Das muss kein beweiskräftiges Experiment sein. Wir spielen hier nur mit sich verändernden Situationen. Was immer Sie wahrnehmen, es ist gut.)

Jetzt versuchen wir fünf (oder, wenn Sie wollen, mehr) Atemzüge zu nehmen, bei denen wir, anstatt auf ein besonderes Detail zu achten, unsere Aufmerksamkeit auf den gesamten Atemzyklus (Einatmen/Pause/Ausatmen/Pause) eines jeden ganzen Atemzugs richten. »Hier ist ein Atem, der jetzt durch alle Veränderungen geht, und jetzt ist er gänzlich vorbei.« Die Aufmerksamkeit im

Zeitablauf aufrechtzuerhalten, sagen die Texte, hält den Geist davon ab zu »taumeln« und entfaltet eine Art Zutrauen, das Gegenmittel zum Zweifel. Ich erinnere mich, wie ich mit großer Freude realisierte: »Ich kann das *genauso* tun« und wie begeistert ich war. Wenn Sie wollen, versuchen Sie es jetzt. Vielleicht möchten Sie dabei Ihre Finger benutzen, um die Atemzüge zu zählen. Auf diese Weise müssen Sie auf nichts anderes als auf die Empfindungen achten.

Entspannen Sie sich jetzt, besonders wenn Sie Zutrauen haben, aber auch wenn Sie keines haben. Sie haben Ihr Leben lang geatmet und haben das auch wahrgenommen. Manchmal geschieht es, dass der Geist sich anspannt und das, was ein neutrales Ereignis war, in eine Pflicht verwandelt, wenn er aufgefordert worden ist, bewusst zu atmen. Also entspannen Sie sich richtig. Schauen Sie aus dem Fenster. Legen Sie eine Hand auf den Bauchnabel und spüren Sie, wie er sich beim Ein- und Ausatmen hebt und senkt. Versuchen Sie ohne Mühe, das Atmen etwas zu verlangsamen. Sie werden dadurch wahrscheinlich ruhiger werden. Zunehmende Ruhe ist einer der fünf Faktoren der Sammlung und das natürliche Gegenmittel gegen Angst, den sich sorgenden Geist. Nehmen Sie noch einige lange entspannte Atemzüge. Beobachten Sie, ob Sie sich nun ruhiger fühlen.

Die vierte Eigenschaft von Sammlung ist ein erhöhtes Bewusstsein von Körperempfindungen. Traditionelle buddhistische Texte verwenden das Wort »Entzücken«, um diese Gefühle zu beschreiben, ein Wort, das wir am stärksten mit angenehmen Gefühlen assoziieren. Die physischen Empfindungen, die mit erhöhter Sammlung assoziiert werden, auch wenn sie Sie nicht umhauen – wie das Wort »Entzücken« suggerieren könnte –, sind normalerweise tatsächlich angenehm. Die Leute berichten von warmen Händen oder entspannter Muskulatur oder sogar von Wellen der Wonne, die durch ihren Körper fließen. Andere Leute berichten von einem leichten Kribbeln unter der Haut, als sei der ganze Körper erregt. Sie können nun Ihre Augen schließen. Nehmen Sie einige langsame und leichte Atemzüge. *Erwarten* Sie, dass Ihr Körper sich wundervoll anfühlen wird, und seien Sie dann wachsam für jegliches neue Gefühl, das bei Ihnen entsteht. Nehmen Sie sich Zeit. Wenn Sie sich fragen: »Wo *bleiben* nur diese Gefühle?«, nehmen Sie einige weitere Atemzüge und lächeln Sie. Wahrscheinlich werden Sie sich gut fühlen. Entzücken ist das Gegenmittel gegen Abneigung. Sie können sich nicht gleichzeitig wundervoll und wütend fühlen.

Der letzte der traditionellen fünf Faktoren der Sammlung ist »Einspitzigkeit«. Sie können das üben, indem Sie sich sagen: »Ich interessiere mich *nur* für meinen Atem«, und indem Sie dann weiterhin Ihre Aufmerksamkeit auf die Erfahrung des Atems und die ihn begleitenden beschreibenden Kommentare richten: »Brustkorb dehnt sich aus. Brustkorb entspannt sich. Angenehmes Gefühl. Geist ist freudig« oder aber »Unangenehme Situation. Mir ist zu warm, fühle mich angespannt«, wenn das Ihre Erfahrung ist. Es spielt keine Rolle, welcher Art Ihre Erfahrungen sind. Worauf es ankommt, ist Ihre Absicht, wach zu bleiben für die Details jeder gerade ablaufenden Erfahrung, und dass Sie auf jeden Impuls, die Erfahrung zu kritisieren oder über sie zu spekulieren oder sie zu verändern, verzichten. Wenn Sie zur Einspitzigkeit in Ihrer Aufmerksamkeit entschlossen sind, werden Sie bemerken, wie Ihr Geist in Alice-im-Wunderland-Manier für Ablenkungen sorgt. »Denke mich!«, sagen die Gedanken am Rande Ihres Bewusstseins. Sie werden jedoch bald feststellen, dass die Ablenkungen verschwinden. Es ist, als würden die Gedanken sagen: »Der Geist dieser Person meint es wirklich ernst. Er wird nicht wanken!«

Wollen Sie das für eine Weile ausprobieren? Ich denke, Sie werden feststellen, dass Ihr Geist sich ungewöhnlich zufrieden fühlen wird, sobald er in einer entspannten Anerkennung von »Dies allein ist genug. Ich brauche nichts anderes« zur Ruhe gekommen ist. Von allen Komponenten der Sammlung kommt Einspitzigkeit ganz von allein dem am nächsten, was mit der Beendigung des Leidens gemeint ist. Es gibt keine Zwänge im Geist, kein Sehnen oder Begehren, dass etwas anders sein möge. Während Sie diese Atemzüge nehmen, praktizieren Sie, so könnte man sagen, Zufriedenheit.

Es macht mir Freude, die Liste mit den Faktoren der Sammlung der Liste der *Kilesha* gegenüberzustellen und bestimmte heilsame Qualitäten des Geistes zu den verstörenden Emotionen, gegen die sie als Gegenmittel wirken, in Relation zu setzen. Doch wenn Sie wissen, *wie* die Sammlung funktioniert, macht sie das lange noch nicht effektiver. Die Hauptsache ist, *dass* sie funktioniert. Ich glaube, solche Listen sprechen das in mir an, was in meiner College-Zeit die Chemiekurse so interessant fand. Ich stelle mir gern vor, wie ein Element ein anderes neutralisiert. In der Praxis sind jedoch immer alle Faktoren der Sammlung gleichzeitig präsent und wirken zusammen. Ich muss nicht denken: »Hmmm ... lass mal sehen. Ich bin so leicht zu irritieren, also werde ich Entzücken kultivieren.« Oder »Ich bin erschöpft, also werde ich aufmerksamer sein.« Nehmen Sie einfach einen Atemzug und noch einen und einen weiteren mit in jeder Hinsicht so viel Aufmerksamkeit wie Sie können. Dann wird die Verblendung sich von selbst regeln. Ist der Geist erst einmal richtig ausgerichtet, sorgt er für sich selbst.

# Epilog

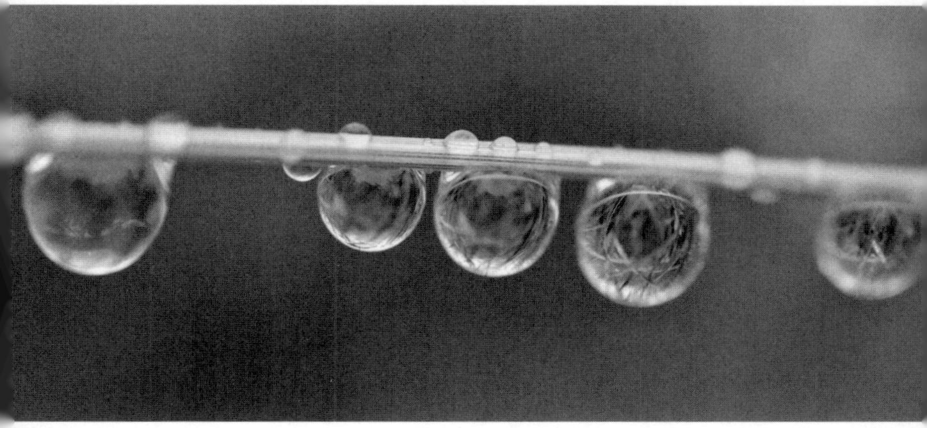

# Jeanettes Weisheit

So, nun gibt es nur noch eine Sache zu sagen, und das betrifft die Frage, wie man den Geist in die richtige Richtung ausrichtet. Ich bin fest davon überzeugt, dass der Geist nach Klarheit strebt, so wie der Körper nach Gesundheit strebt, und dass Bemühen, Achtsamkeit und Sammlung - alles dem Bewusstsein innewohnende Qualitäten - so weit kultiviert werden können, dass sie spontan in Aktion treten, wenn der Geist durch Herausforderungen verstört wird. Außerdem glaube ich, dass der unverstörte Geist auf natürliche Weise zu Wohlwollen tendiert und dass die Fähigkeit, sich auf warme und mitfühlende Weise mit sich selbst, mit anderen und dem Leben zu verbinden, das Gegenmittel gegen Leiden und die Ursache für Glücklichsein ist. Ich glaube nicht, dass der Geist vielerlei Anleitung bedarf, aber ich glaube, er muss ermutigt und immer wieder angeregt werden.

Als ich dieses Buch zu schreiben begann, hatte ich im Sinn, es mit einer Zeile der Dichterin Emily Dickinson enden zu lassen: »Wirf den Kompass, wirf die Karten fort, beim Rudern in Eden.« Ich dachte, dieses Zitat würde die Botschaft vermitteln, die ich zu übermitteln suchte, nämlich die Tatsache, dass eine herzliche Verbundenheit unsere Grundneigung, unser größter Trost und – wenn sie erst einmal entdeckt worden ist – unser uns ständig begleitender Verbündeter ist. Sie lässt den Seelenfrieden natürlich und normal erscheinen, was er wohl auch ist. Ich glaube, das ist die Botschaft, die ich übermittelt habe. Dennoch habe ich beim Schreiben realisiert, dass in meinem Eden – und wohl im Eden eines jeden Menschen – Turbulenzen vorkommen und dass ich Techniken des Bemühens, der Achtsamkeit und der Sammlung als Karten für schwierige Zeiten brauche. Und ich habe realisiert, wie wesentlich es für mich ist, einen Kompass zu haben. Wenn mein Ziel das Glücklichsein ist, muss ich das Gefühl »Ich steure nicht in die richtige Richtung« erkennen können, damit ich den Kurs korrigieren kann.

Daher will ich mit einer Aussage von Jeanette enden. Jeannette ist die Frau, mit der ich zusammen Rad fahre, wenn ich in Frankreich bin. Jeanette ist ein Jahr älter als ich, langjähriges Mitglied im Club Velo de St. Genis und übernimmt bei Radwanderungen in Gruppen oft die Führung. Ich erwähnte auf einer Tour, ich hätte gehört, sie habe sich im letzten Jahr das Bein gebrochen.

»Ja, es war gebrochen. An vier Stellen. Ich hatte zurückgeblickt, um nach den Radfahrern hinter mir zu sehen, und bin an die Bordsteinkante in dem Kreisverkehr geraten, den wir gerade passiert haben. So bin ich gestürzt. Ich hatte drei Monate einen Gipsverband.«

»Wenn du heute durch diesen Kreisverkehr fährst, hast du dann Angst?«

»Nein«, sagte sie. »Ich versuche, nicht daran zu denken. Ich passe mehr auf den Bordstein auf. Und sieh mal«, fügte sie hinzu, »ich musste dieses Pedal höher machen lassen, weil mein Bein jetzt kürzer ist und ich sonst nicht die Balance halten könnte. Auf diese Weise kann ich wieder mit dem Club hinausfahren, und genau das ist es, was ich will. Das ist keine große Sache. Du musst nur herausfinden, was du tun musst, damit du weitermachen kannst.«

Ich glaube, mehr braucht nicht gesagt zu werden.